中等职业教育改革创新示范精品教材（汽车运

汽修企业管理软件使用教程

罗柳梅　主　编

黄　治　张红芳　副主编

卢发模　叶晓蕾　何艳荣　黄智亮　参　编

電子工業出版社

Publishing House of Electronics Industry

北京 • BEIJING

内 容 简 介

本书从实际应用的角度出发，描述了汽车配件进销存业务、整车进销存业务以及快修美容等业务。以完成项目和任务的形式，指导读者快速掌握软件操作方法。采取左图右文的编写形式，用右侧文字解释左图内容，方便阅读，直观明了。在每个项目或任务后面配有实训练习题供读者训练使用，从而使读者在短时间内能够熟练使用软件。

本书既合适中职、高职汽车专业教师和学生使用，也适合4S店和快修美容店从事管理和维修的工作人员使用。

图书在版编目（CIP）数据

汽修企业管理软件使用教程 / 罗柳梅主编.—北京：电子工业出版社，2013.7
中等职业教育改革创新示范精品教材（汽车运用与维修专业）
ISBN 978-7-121-20874-4

Ⅰ．①汽… Ⅱ．①罗… Ⅲ．①汽车维修业－工业企业管理－计算机辅助管理－中等专业学校－教材
Ⅳ．①F407.471.614

中国版本图书馆CIP数据核字（2013）第147702号

策划编辑：杨宏利
责任编辑：郝黎明
印　　刷：三河市鑫金马印装有限公司
装　　订：三河市鑫金马印装有限公司
出版发行：电子工业出版社
　　　　　北京市海淀区万寿路173信箱　邮编　100036
开　　本：787×1 092　1/16　印张：8　字数：204.8千字
版　　次：2013年7月第1版
印　　次：2017年1月第3次印刷
定　　价：22.00元

凡所购买电子工业出版社图书有缺损问题，请向购买书店调换。若书店售缺，请与本社发行部联系，联系及邮购电话：（010）88254888，88258888。
质量投诉请发邮件至zlts@phei.com.cn，盗版侵权举报请发邮件至dbqq@phei.com.cn。
本书咨询联系方式：邮箱yhl@phei.com.cn，微信号 nmyhl678，微博昵称 利Hailee。

前言

我国汽车工业的高速发展，给汽车服务业带来巨大的商机，同时也促使我国汽车后市场的经营模式发生了重大的转变。近年来建立的以汽车制造厂品牌为核心，集整车销售、汽车维修、配件供应、信息反馈为一体的汽车 4S 店，成为汽车后市场的规模经营模式；另外，以高技术含量和精细管理为核心的快修连锁经营店也在迅速发展。上述两种经营模式的并存发展、相互补充，构成了当今汽车后市场的主流。

现如今，汽车服务行业中不计其数的各种大、中、小汽车维修企业已经向无纸化，信息化和网络化发展，在这样的背景下，作者编写本书的目的是让广大从事汽车服务和汽修企业管理的从业者能通过汽修企业管理软件的强大功能，实现对企业进行方便、快捷、高效的日常经营管理，并为解决实际工作中的具体问题提供一些帮助。同时，本书也可作为汽车专业师生在工作和教学中的参考书。

本书从实际应用的角度出发，采用汽修企业日常经营管理中的典型工作案例，以完成项目和任务的形式，让读者能够在“做中学”，在“学中做”。在编写形式上，采取左图右文，用右侧文字解释左图内容，方便阅读，直观明了。另外在每个项目或者任务后配有实训练习题供读者训练使用，从而使读者在短时间内能够熟练使用软件。

本书由罗柳梅担任主编，黄治、张红芳担任副主编，参加编写的人员还有卢发模、叶晓蕾、何艳荣、黄智亮。同时，本书在编写过程中，得到了北京运华天地科技有限公司廖明总经理的悉心指导和珠海笛威汽车服务咨询公司的鼎力支持，此外还得到了电子工业出版社的大力支持和帮助，并参考了国内外同行的相关资料，在此表示诚挚的感谢。

由于各种汽车服务管理企业的管理模式和经营方式存在一定差异，故本书介绍的软件操作方法和操作流程并不一定适用于所有的汽车服务企业，特此申明。

另由于本书涉及面广，而作者水平有限，虽竭尽全力，仍难免存在错误和不当之处，恳请广大读者和各位同行不吝赐教，批评指正。

编　者

2013 年 5 月

目录

概　述

◆软件介绍

《汽车商务与服务实训教学系统》是北京运华天地科技有限公司的运华天地系列软件的拳头产品之一。本书中的所有项目和任务均是在该系统平台上完成的。“运华天地”系列软件是由该公司多名长年从事汽车相关行业和计算机行业的专业资深人士开发的，技术领先于国内水平，具有全中文界面、全中文按钮、既可全鼠标操作，又可全键盘操作等独一无二的优点。同时具有符合规范的财务功能，并且提供同类软件所不能提供的多种数据接口。

本书中项目中所使用的平台是《AW804 汽车商务与服务实训教学系统》中的大型厂联网练习、汽贸联网练习、快修美容联网练习。该版本的软件包括以下功能：

第一部分：汽修管理

前台接待、备料估价、备料估价单查询、车间管理、维修进度查询、领料管理、维修业务结算、维修业务反结算、重结算、反总检、应收款、出厂单、维修结算查询、存档结算单、存档结算单查询、预约管理、维修历史查询、理赔单、索赔单等。

第二部分：美容管理

快修美容单、套餐卡定义、套餐卡发行、套餐卡管理、储值卡定义、储值卡发行、储值卡管理、快修美容单查询统计等。

第三部分：财务管理（往来账管理）

应收账款查询、应收账款发生、应收账款收回、应付账款查询、应付账款发生、应付账款支付、应收款明细查询、呆账处理、多业务收款、费用管理等。

第四部分：客户服务

会员管理、会员积分、维修跟踪、客户生日查询、会员到期查询、车辆保险到期查询、车辆保险、车辆保险查询、发送短信、短信发送历史查询等。

第五部分：报表

维修用料查询、维修项目查询、维修人员业务查询、维修报表、按配件、员工、客户等各种不同方式统计营业报表。

营业日报表、营业周报表、营业月报表、营业报表。

第六部分：系统维护

系统登录、账套管理、系统设置、单位基本信息、数据备份、数据恢复、经营期末结转、数据交换、操作员管理、系统升级数据导入等。

◆系统登录

1. 打开登录窗口

步骤：执行“程序→AW804 汽车商务与服务实训教学系统→学生端→实训练习→大型厂联网练习”菜单命令，打开登录窗口。

2. 输入操作员代码、姓名和密码，单击“确定”按钮。

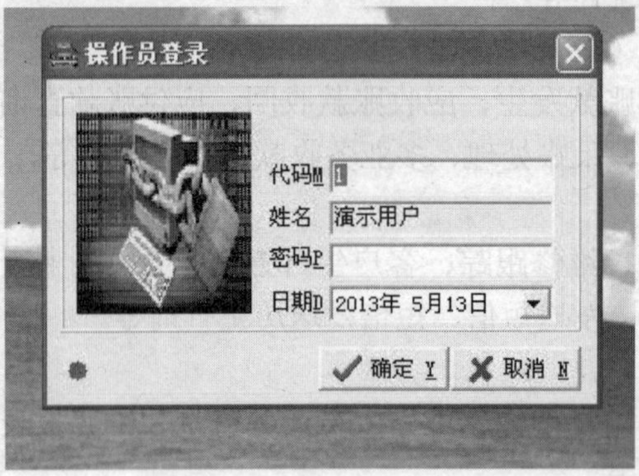

项目一

基础数据

任务1　员工信息

工作情景描述

最近某 4S 店新来一批员工，作为人力资源部工作人员的孙军需要在系统中为新员工建立档案，并且根据新员工各自的岗位在系统中设置相应的职责。

学习目标

能够将员工的基本信息等录入系统，能修改、查询、删除信息记录，能对系统中的员工进行角色定义。

设备器材

1. 计算机若干台
2. 班级名单一份

系统平台

大型厂联网练习

教学组织建议

每位学生扮演人力资源部工作人员，将自己的个人信息作为新员工信息录入系统，并对自己进行角色定义。

任务实施

（一）新建员工信息

1. 单击“基本数据”
2. 选择“员工信息”

1. 单击“新建”按钮

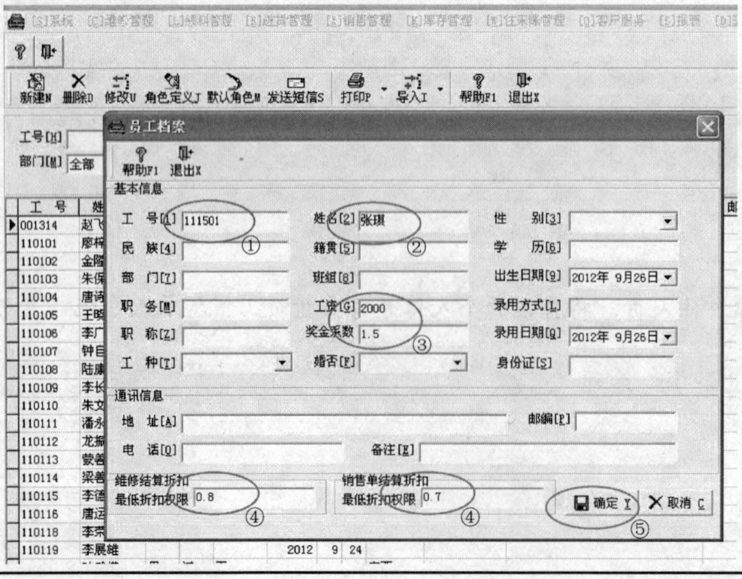

1. 输入工号（注：为保证存盘成功，老师应预先给每位学生分配一个固定的工号）
2. 输入姓名
3. 输入工资和奖金系数
4. 输入维修和销售单结算折扣和最低折扣权限
5. 单击“确定”按钮

(二)查询员工信息并进行角色定义

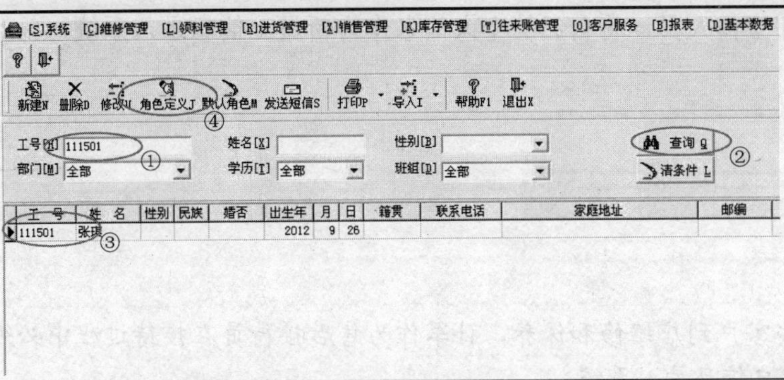

1. 输入工号
2. 单击“查询”按钮
3. 确认光标定位在此
4. 单击“角色定义”

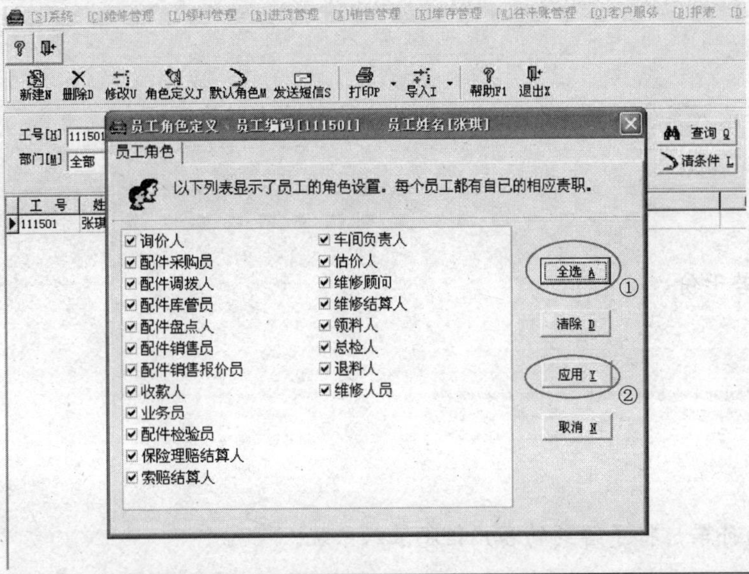

1. 单击“全选”按钮，赋予员工所有角色
2. 单击“应用”按钮

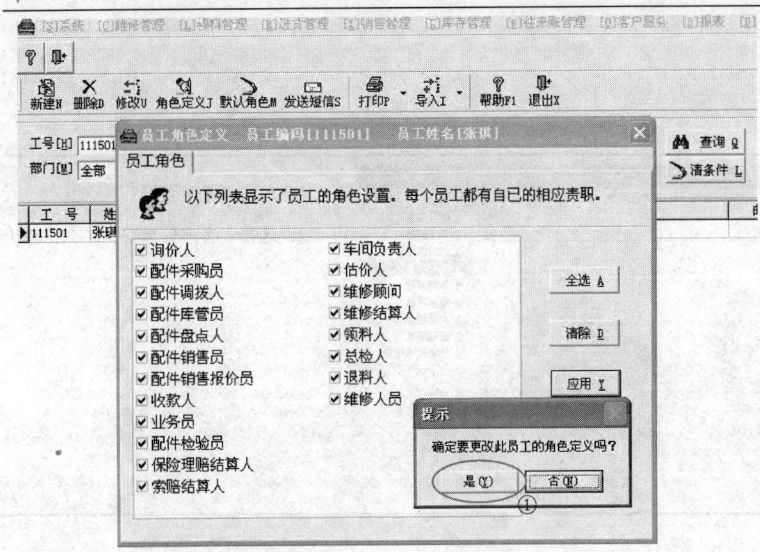

1. 在弹出的提示对话框中选择“是”按钮

附：实训练习

每位学生扮演人力资源部工作人员，将自己的个人信息作为新员工信息录入系统，并对自己进行角色定义。

任务2 客户信息

工作情景描述

某 4S 店今天接待了一些客户到店维修和保养，孙军作为售后接待员在接待过程中必须了解客户的信息，并同时将客户信息录入系统。

学习目标

能够将客户的基本信息等录入系统，能熟练修改、查询客户的基本信息。

设备器材

1. 计算机若干台
2. 教师提供的客户信息若干份

系统平台

大型厂联网练习

教学组织建议

每位学生扮演售后接待的孙军，将了解到的客户信息录入系统。

任务实施

（一）新建客户信息

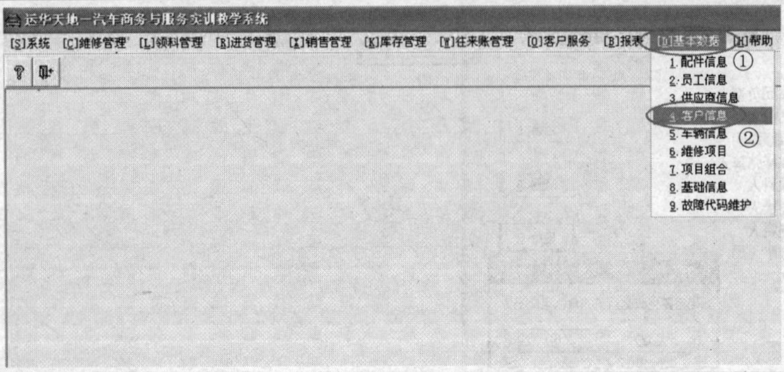

1. 单击“基本数据”
2. 选择“客户信息”

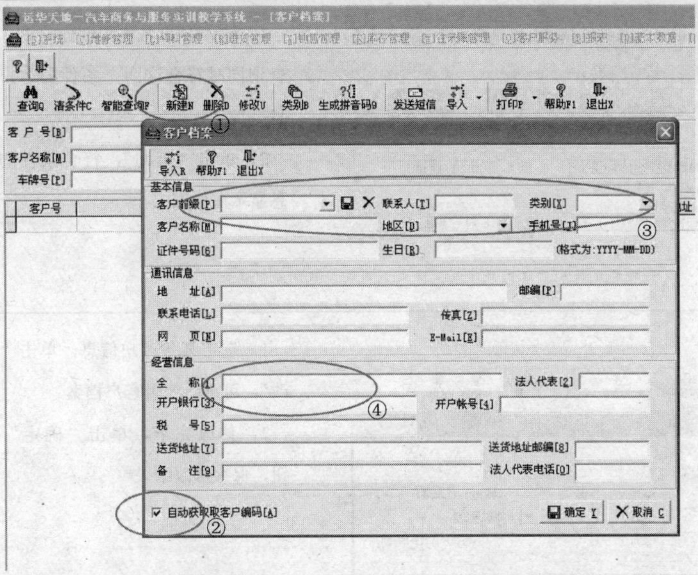

1．单击“新建”

2．取消对“自动获取客户编码”的勾选（客户前缀变成客户编码）

3．在客户编码处输入客户编码，并保证编码的唯一性。输入“联系人，选取类别、客户名称、地区等信息

4．输入全称。其他信息视情况输入

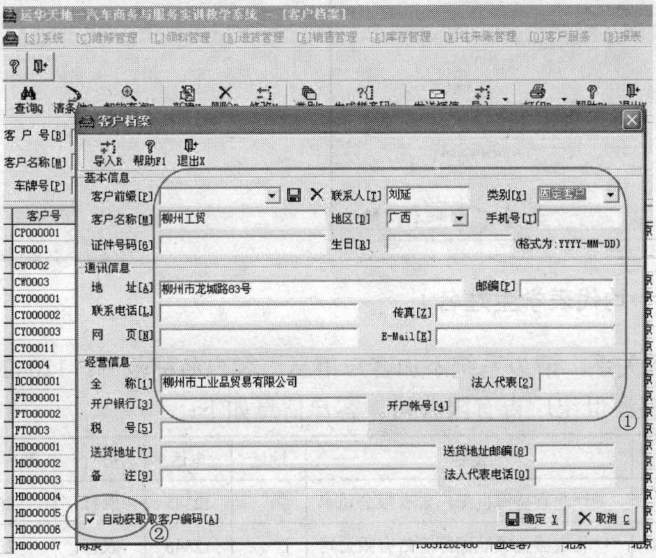

1．客户信息填写完毕

2．如果没有取消对“自动获取客户编码”的勾选，“客户前缀”栏留空，可以自动生成客户编码

（二）查询和修改客户信息

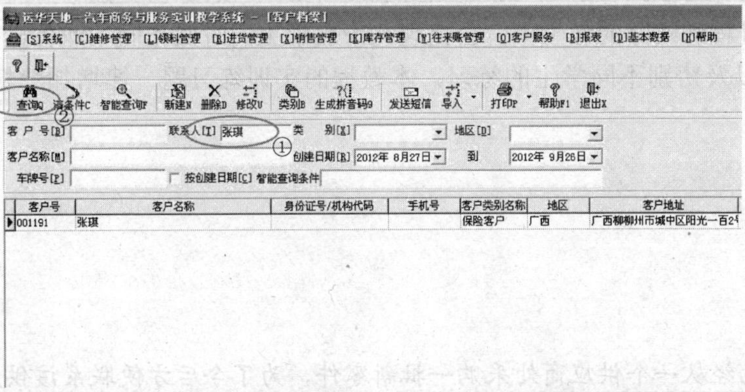

1．输入联系人姓名，可按联系人条件进行查询

2．单击“查询”，符合条件的信息将会显示在列表中

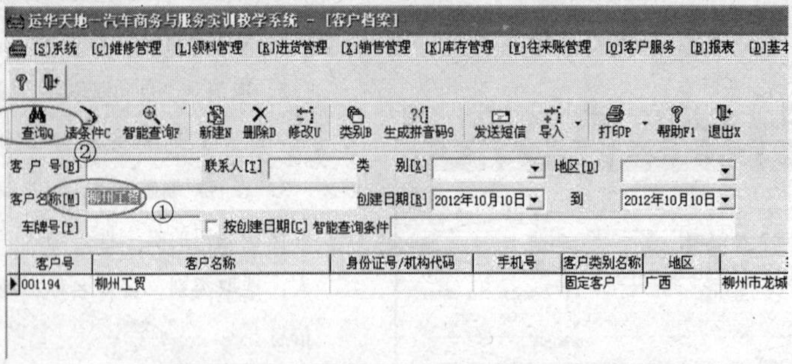

1．输入客户名称和创建日期，可查询同时符合这两个条件的客户信息

2．单击“查询”，符合条件的信息显示在列表中

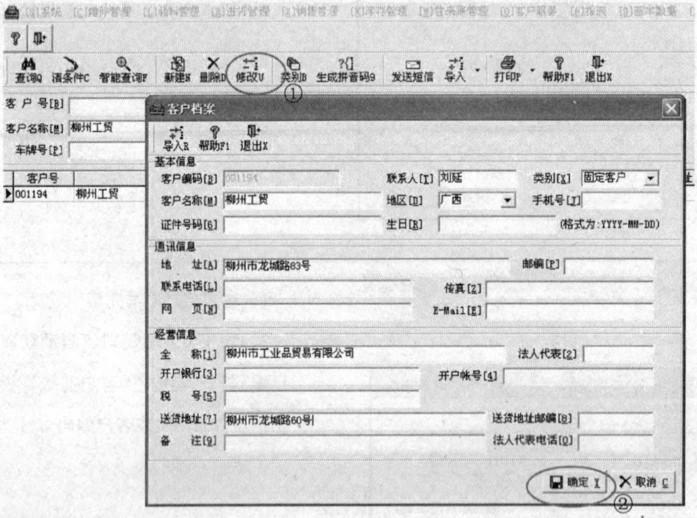

1．选定某条客户信息，单击“修改”，可重新编辑客户档案

2．修改完毕，单击“确定”按钮，保存修改结果

附：实训练习（文中出现的*均代表学生姓名）**

本维修厂与以下客户建立业务关系，请为系统添加客户信息。客户名称范例：110427 孙军 01。客户全称范例：孙军北京盛海世纪广告有限公司。客户信息如下：

客户名称	联系人	类别	地区	全称	地址	电话	开户行	开户帐号
工号***01	***	保险客户	北京	***北京盛海世纪广告有限公司		12345	农行	201
工号***02	***	保险客户	北京	***北京盛美领航国际广告有限公司		12346	农行	202
工号***03	***	保险客户	北京	***北京金赛尔科技有限责任公司		12347	农行	203
工号***04	***	保险客户	北京	***北京新东方教育中心		12348	农行	204

特别说明：本软件使用过程和实际的教学中，会出现几十名学生同时操作同一业务操作的情况。为便于教学、存盘以及辨别不同学生的练习，本教程的实训练习题一律增加***代表学生的练习，特此说明。

任务 3　供应商信息

工作情景描述

某汽车维修厂采购部门已经从一个供应商处采购一批新零件，为了今后方便联系该供应商，采购员孙军需要将该供应商的基本信息录入系统。

学习目标

能够将供应商的基本信息等录入系统，能熟练修改、查询供应商的基本信息。

设备器材

1. 计算机若干台
2. 供应商信息若干份

系统平台

大型厂联网练习

教学组织建议

每位学生扮演采购员孙军，将供应商的信息录入系统。

任务实施

（一）新建供应商信息

1. 单击“基本数据”，选择“供应商”信息

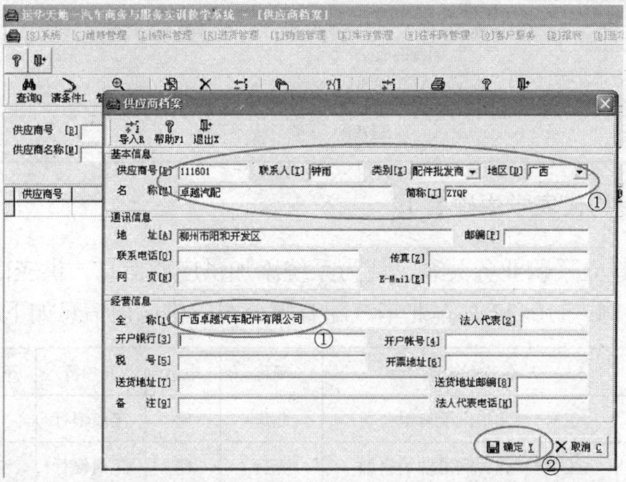

1. 单击“新建”，在弹出的对话框中输入供应商信息。确保供应商号的唯一性

2. 单击“确定”按钮，保存供应商信息

●技巧小贴士：修改供应商信息的方法与修改客户信息的方法相同

（二）查询供应商信息

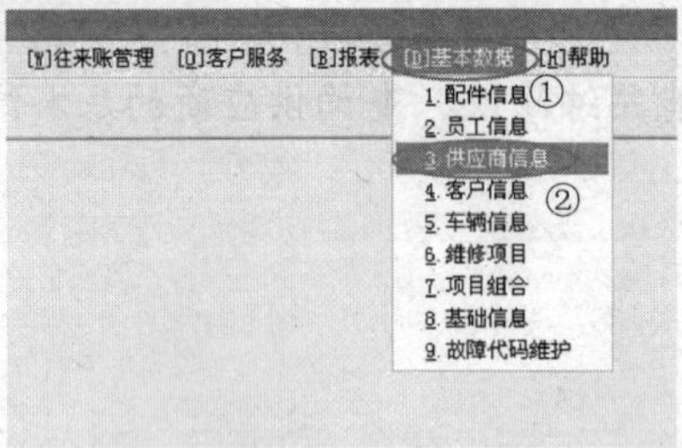

1．单击“基本数据”

2．选择“供应商”信息

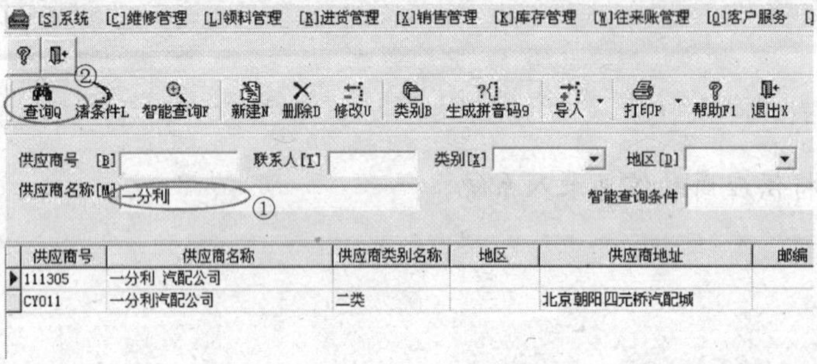

1．在供应商名称处输入要查询的供应商名。如果记得不确切，请只输入关键字进行模糊查询

2．单击“查询”。符合条件的记录显示在列表中。

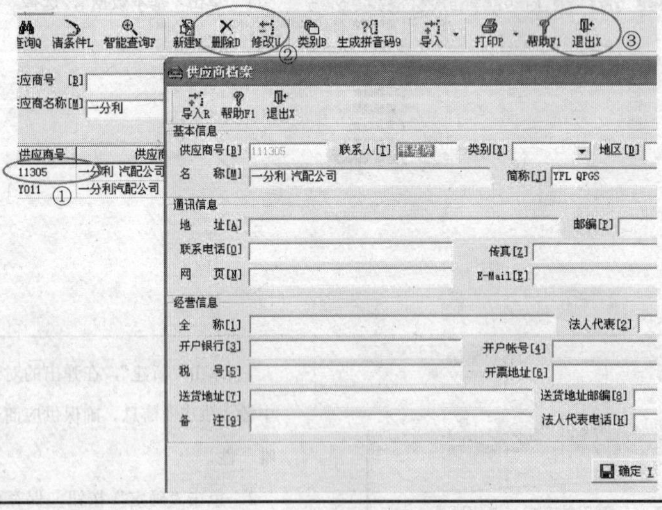

1．单击某条记录

2．单击“修改”或“删除”，可以修改、补充或删除供应商信息信息

3．单击“退出”按钮，返回主界面

附：实训练习（文中出现的***均代表学生姓名）

本维修厂将长期与以下供应商建立采购业务关系，请为系统添加供应商信息。供应商号范例：110427孙军01。名称和全称范例：110427孙军北华汽配有限公司。供应商信息如下：

供应商号	联系人	类别	地区	名称和全称	简称	电话	开户行	开户帐号
工号***01	***	配件批发商	北京	工号***北华汽配有限公司	北华	略	工商银行	200
工号***02	***	配件批发商	北京	工号***壳牌润滑油销售部	壳牌	略	工商银行	200

续表

供应商号	联系人	类别	地区	名称和全称	简称	电话	开户行	开户帐号
工号***03	***	配件批发商	北京	工号***易通商贸有限公司	易通	略	工商银行	200
工号***04	***	配件批发商	北京	工号***登丰汽配销售有限公司	登丰	略	工商银行	200
工号***05	***	配件批发商	北京	工号***米其林销售有限公司	米其林	略	工商银行	200
工号***06	***	配件批发商	上海	工号***正大汽配有限公司	正大	略	工商银行	200
工号***07	***	配件批发商	上海	工号***飞鸿汽配有限公司	飞鸿	略	工商银行	200
工号***08	***	配件批发商	上海	工号***展望汽配有限公司	展望	略	工商银行	200
工号***09	***	配件批发商	上海	工号***振兴汽配有限公司	振兴	略	工商银行	200
工号***10	***	整车类	上海	工号***顺风大众汽车销售公司	顺风	略	工商银行	200
工号***11	***	整车类	上海	工号***东风风行汽车销售公司	东风风行	略	工商银行	200
工号***12	***	整车类	上海	工号***上海奇瑞汽车销售公司	奇瑞	略	工商银行	200

任务4　配件信息

工作情景描述

某汽车维修厂今天新进了一批配件，仓库管理员孙军在接收的时候发现系统中并没有该配件的信息（如果没有信息，则无法对配件进行进销存的操作），所以仓库管理员需将该配件的信息录入系统。

学习目标

能够将配件的信息等录入系统，能熟练修改、查询配件信息。

设备器材

1. 计算机若干台
2. 配件信息若干份

系统平台

大型厂联网练习

教学组织建议

每位学生扮演仓库管理员，将配件的信息录入系统。

任务实施

（一）新增配件信息

1．单击“基本数据”，选择“配件信息”

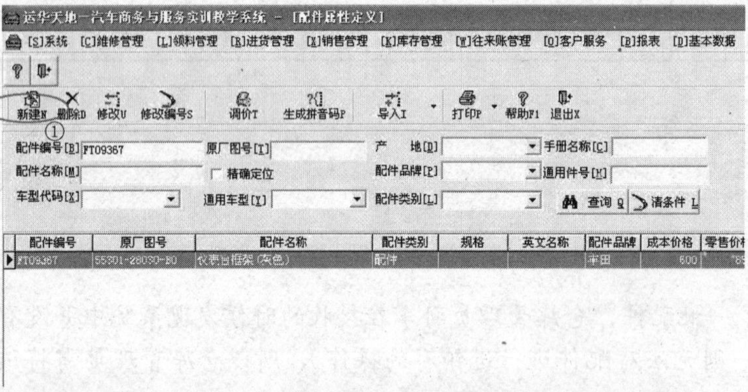

1．单击“新建”按钮

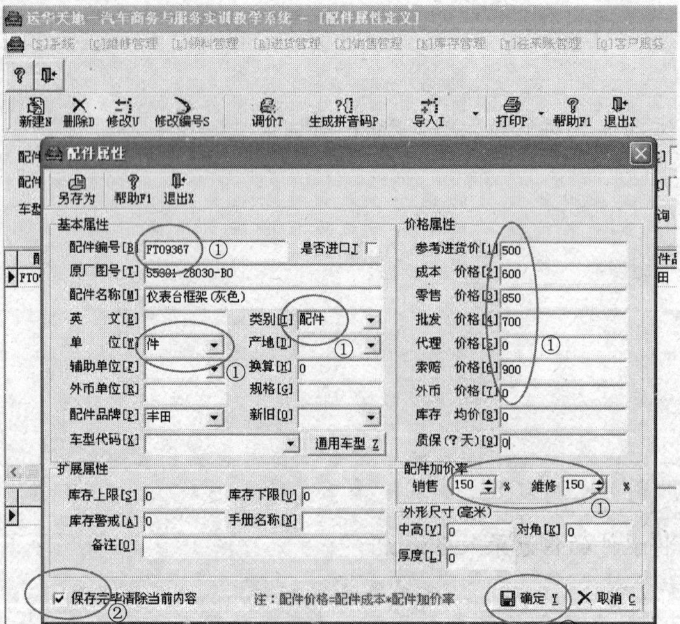

1．在弹出的对话框中输入各种配件信息，并保证配件编码的唯一性

2．选中“保存完毕清除当前内容”复选框

3．单击“确定”按钮保存配件信息，并可继续录入新的配件信息

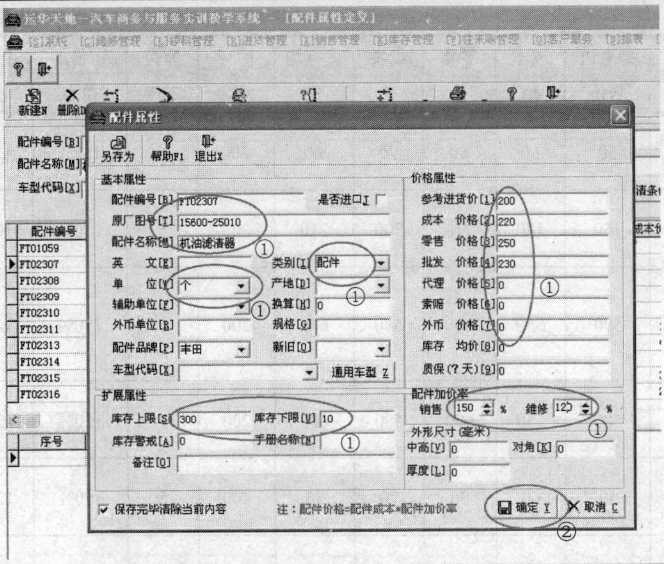

1．在弹出的对话框中继续录入新的配件信息

2．单击“确定”按钮保存配件信息，如不再输入新的配件信息，则可关闭窗口

（二）查询和修改配件信息

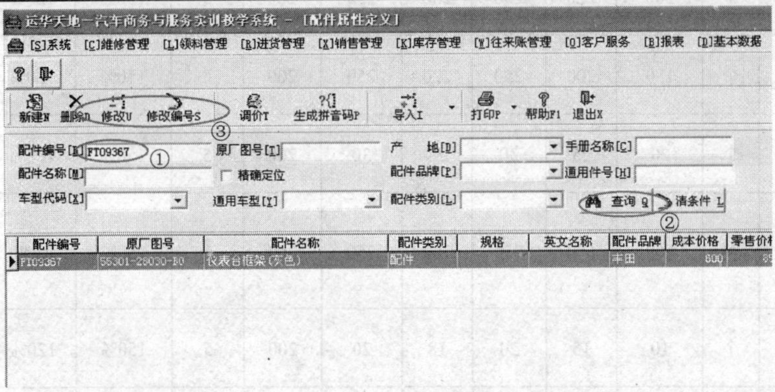

1．在“配件编号”栏输入配件编号，可通过配件编号查询配件信息

2．单击“查询”按钮，则列表显示符合条件的配件信息

3．选定某行配件信息，单击“修改”，可重新编辑配件信息（除配件编号外）。单击“修改编号”才可修改配件编号

附：实训练习（文中出现的***均代表学生姓名）

公司拟采购一批新零件，请以你自己的姓名作为前缀为配件命名，添加新的配件信息。配件编号范例：110427孙军01

配件编号	是否进口	配件名称	类别	单位	参考进货价	成本价	零售价	批发价	库存均价	库存上限	库存下限	销售加价率	维修加价率
工号***01	否	***机油滤清器	配件	个	200	220	250	230	250	200	5	150%	120%
工号***02	否	***空气滤清器总成	配件	个	150	170	200	180	200	200	5	150%	120%
工号***03	否	***前保险杠	配件	个	500	550	600	580	600	200	5	150%	120%
工号***04	否	***尾灯饰条（左）	配件	个	500	550	600	580	600	200	5	150%	120%

续表

配件编号	是否进口	配件名称	类别	单位	参考进货价	成本价	零售价	批发价	库存均价	库存上限	库存下限	销售加价率	维修加价率
工号***05	否	***点烟器	电子	个	50	60	80	70	80	200	5	150%	120%
工号***06	否	***机盖锁支架	配件	个	150	180	210	200	210	200	5	150%	120%
工号***07	否	***前刹车分泵修理包	配件	个	500	550	600	580	600	200	5	150%	120%
工号***08	否	***轴头离合器	配件	个	500	550	600	580	600	200	5	150%	120%
工号***09	否	***消声器（中段）	配件	个	50	60	80	70	80	200	5	150%	120%
工号***10	否	***真空泵	配件	个	250	270	300	280	300	200	5	150%	120%
工号***11	否	***冷凝器	配件	个	200	220	250	230	250	200	5	150%	120%
工号***12	否	***转向节臂（右）	配件	个	180	200	250	220	250	200	5	150%	120%
工号***13	否	***前轮轴承	配件	个	20	25	30	28	30	200	5	150%	120%
工号+***+14	否	***涡轮增压冷却水箱	配件	个	600	650	750	700	750	200	5	150%	120%
工号***15	否	***节温器	配件	个	10	15	20	18	20	200	5	150%	120%
工号***16	否	***缸盖	配件	个	600	650	750	700	750	200	5	150%	120%
工号***17	否	***点火线圈	电子	个	20	25	30	28	30	200	5	150%	120%

项目二

配件进销存管理

任务1 配件订货

工作情景描述

某 4S 店配件采购员孙军按照采购计划今天须跟某供应商订一批配件，因此他要完成订货询价单，并把订货询价单传真给该供应商，以便供应商备货。

学习目标

能够熟练完成订货询价单，能够熟练查询订货询价单。

设备器材

1. 计算机若干台
2. 打印机一台、传真机一台

系统平台

大型厂联网练习

教学组织建议

每位学生扮演采购员孙军，向供应商下订单，完成订货询价单，并将订货询价单打印出来，传真给该供应商，或将订货询价单导出成电子表格，发邮件给供应商。

任务实施

（一）新建订货询价单

1．单击“帮助”

2．选择“配件导航”

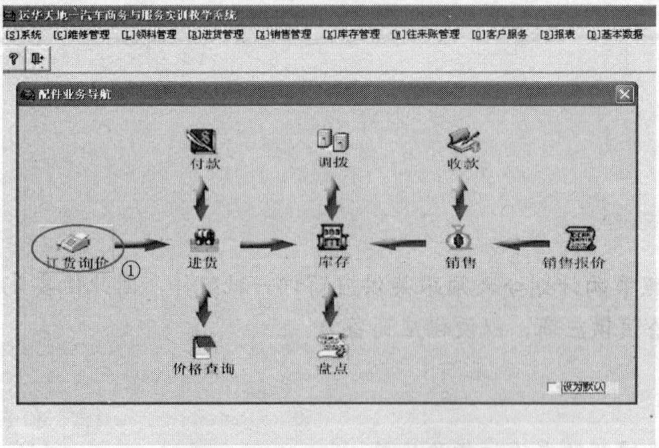

1．单击“订货询价”图标

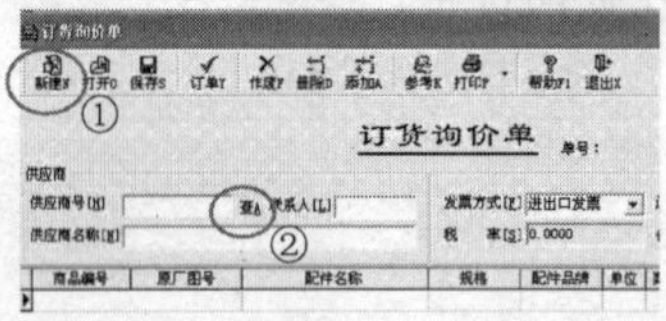

1．单击“新建”，可以建立一张新的订货询价单

2．单击“查 A”，进入供应商查询界面

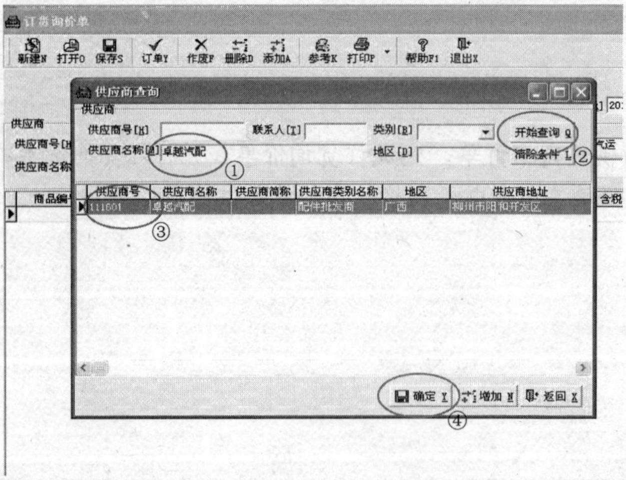

1．输入供应商名

2．单击“开始查询”按钮，符合条件的供应商显示在列表中

3．双击，即可选取供应商

4．也可单击选择的供应商，然后单击“确定”按钮完成选择

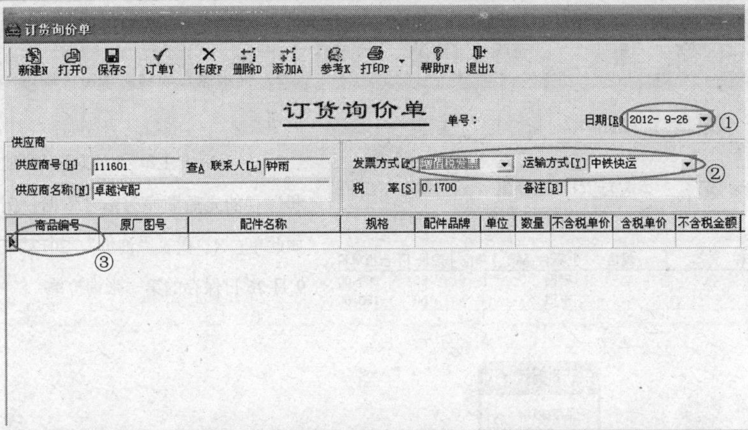

1．单击下拉箭头，选择日期

2．使用同样的方法，选择发票方式和运输方式

3．双击此处，进入配件选择对话框

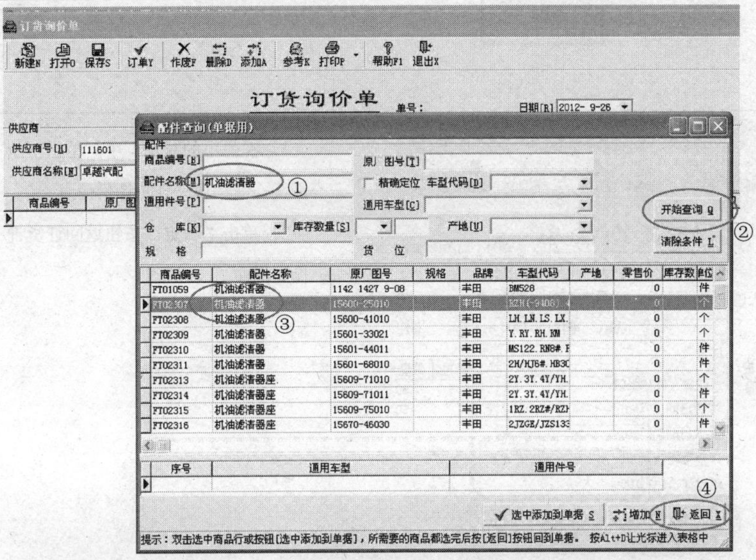

1．输入配件名称查询

（注：也可以输入商品编号查询）

2．单击“开始查询”按钮，符合条件的配件显示在列表中

3．双击需订货的配件，如果订货品种不止一个，则双击其他品种即可

4．单击“返回”按钮

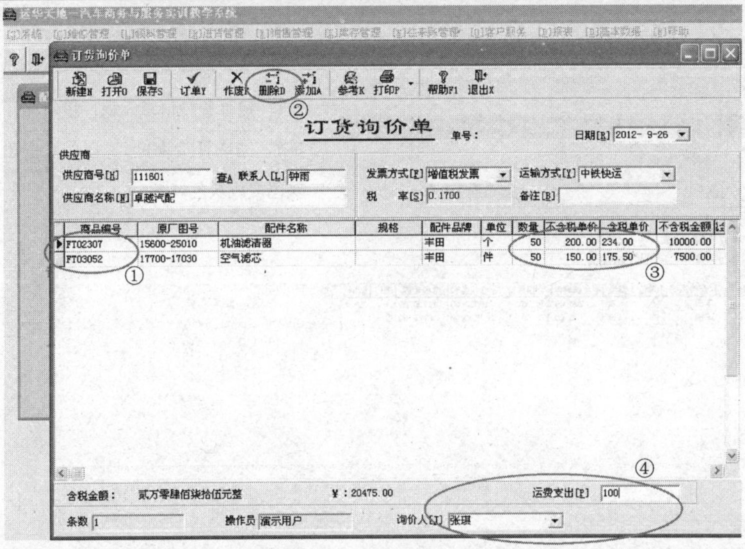

1．如想删除多选的配件：先单击目标配件（如不需删除，则跳过第2步）

2．再单击“删除”按钮

3．输入订货数量和价格

4．输入运费金额、单击下拉箭头选择询价人

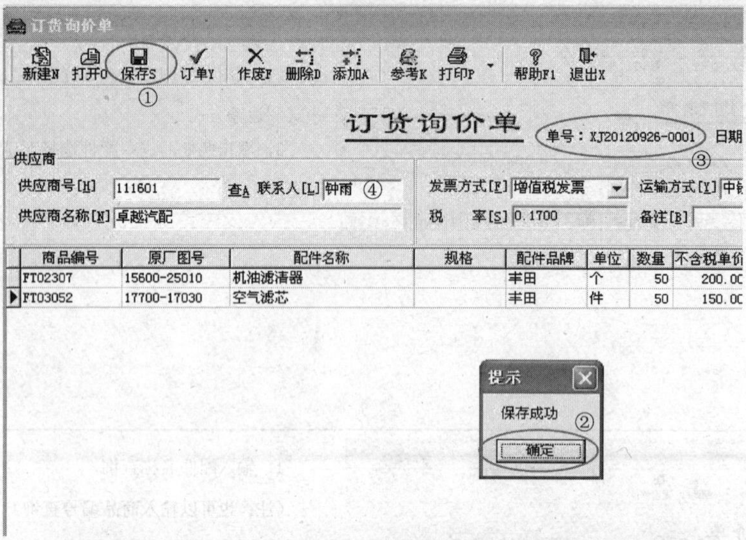

1．单击“保存”

2．提示保存成功，单击“确定”按钮

3．保存后产生单号，以当天日期和保存的先后顺序为编号依据。例如此单：XJ 代表“询价”，2012 年 9 月 26 日保存的第一张询价单

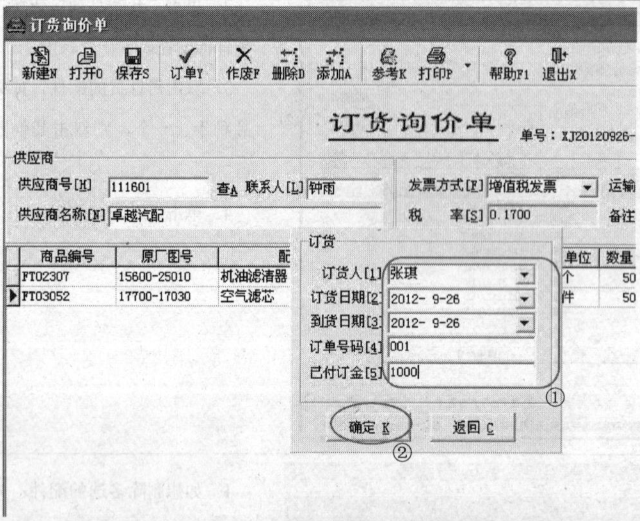

1．在弹出的对话框中，单击下拉箭头，继续填完订货询价信息

2．单击“确定”按钮返回订货询价主界面

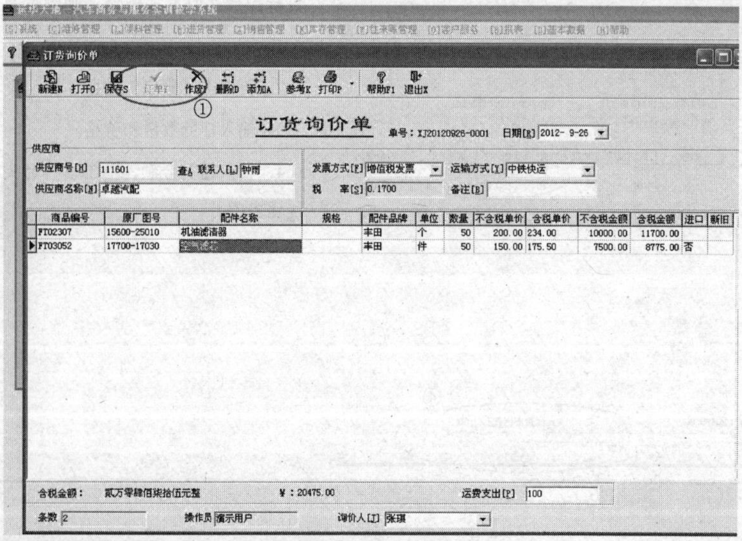

1．检查各种信息无误，单击“订单”，完成订货询价。“订单”按钮颜色变成灰色

（二）查询订货询价单

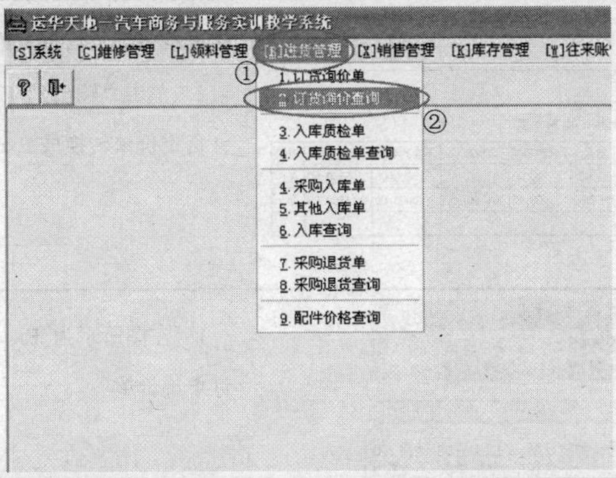

1．单击“进货管理”

2．选择“订货询价查询”，进入订货询价单的查询界面

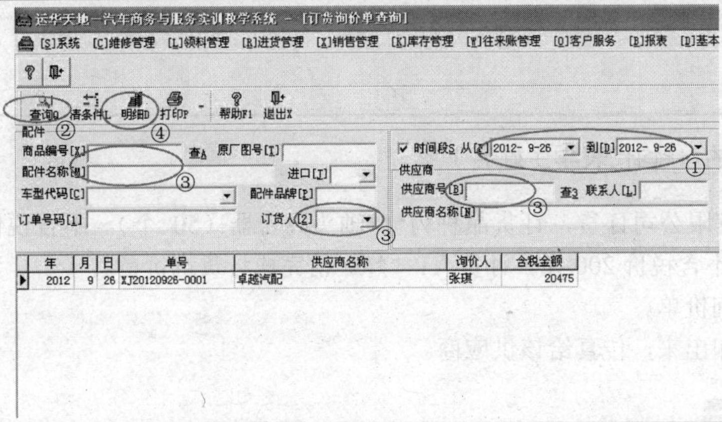

1．选择时间，并在“时间段”前的方格内打“√”

2．单击“查询”按钮，按时间段查询，符合条件的订货询价单显示在列表中

3．也可以通过配件名称、商品编号或订货人等字段来查询

4．单击某条记录，再单击“明细”可以查阅订单详情

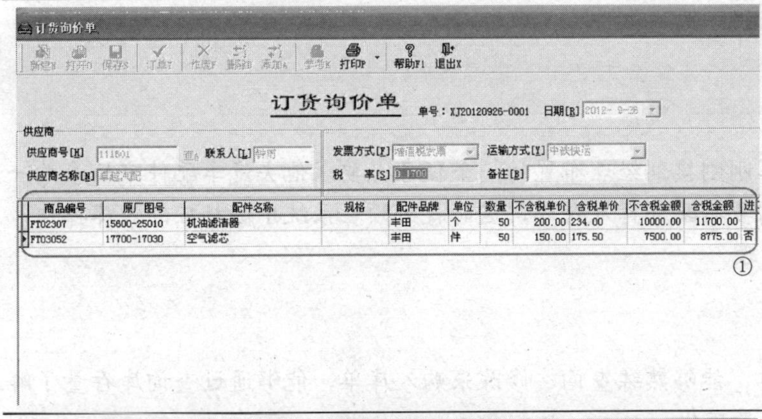

1．左图所示为订单详情

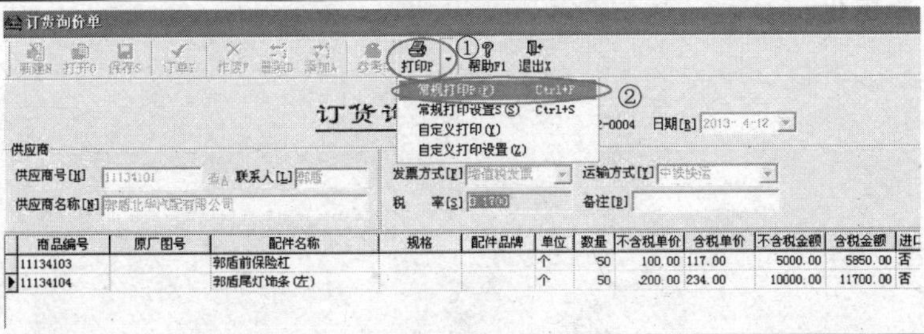

1．单击“打印”旁的下拉箭头

2．选择“常规打印”

柳州第一职业技术学校
地址：北京市海淀区清河新地标商务中心15-1107　邮编：100192
电话：010-62933246 62934916 62935416　传真：010-82714962
网址及邮箱：www.winworlds.com　winworlds@163.com

订货询价单

供应商:郭盾北华汽配有限公司　单号:XJ20130412-0004 订货单号: 到货日期:2013-04-12 运费支出:0.00 第 1 页

商品编号	原厂图号	配件名称	规格	配件品牌	单位	数量	不含税单价	含税单价	不含税金额	含税金额	进口
11134103		郭盾前保险杠			个	50	100.00	117.00	5000.00	5850.00	否
11134104		郭盾尾灯饰条(左)			个	50	200.00	234.00	10000.00	11700.00	否
总计											

询价人:郭盾　订货人:郭盾　不含税金额:壹万柒仟伍佰伍拾元整　税率:0.1700　2013.5.10

1. 单"打印"，打出纸质的订货询价单。打出纸质单后，可以通过传真机将订货信息发给供应商

2. 单击"输出到 Excel"，可以将订货询价单转换成 Excel 文件格式

1. 左图所示为 Excel 文件格式的订单询价单

附：实训练习（文中出现的*均代表学生姓名）**

练习 1：向***易通商贸有限公司订货，订货品种为***轴头离合器（50 个），不含税价 500 元；***冷凝器（50 个），不含税价 200 元。订货人：***。请完成订货询价单。

练习 2：查询完成的订货询价单。

练习 3：将订货询价单打印出来，传真给该供应商。

任务 2　配件采购入库

工作情景描述

某汽修厂配件采购员孙军刚刚接到经理布置的一个任务，要求他去汽车配件市场采购一批配件。他将配件买回来后需要将配件存入仓库，这时就必须在系统中做相应的入库操作，这样才能实现对配件的有效管理。

学习目标

能够熟练完成采购入库单，能够熟练查询、修改采购入库单，能够通过查询库存量了解到配件入库前和入库后的库存量变化。

设备器材

计算机若干台

系统平台

大型厂联网练习

教学组织建议

每位学生扮演采购员孙军，对采购回来的配件做入库操作。

任务实施

（一）新建采购入库单

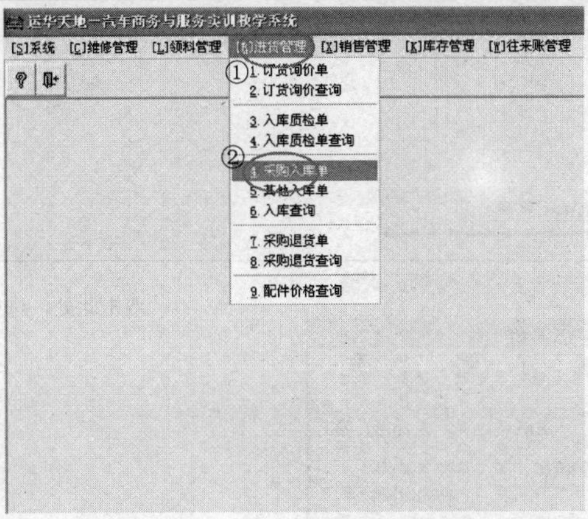

1．单击“进货管理”

2．选择“采购入库单”

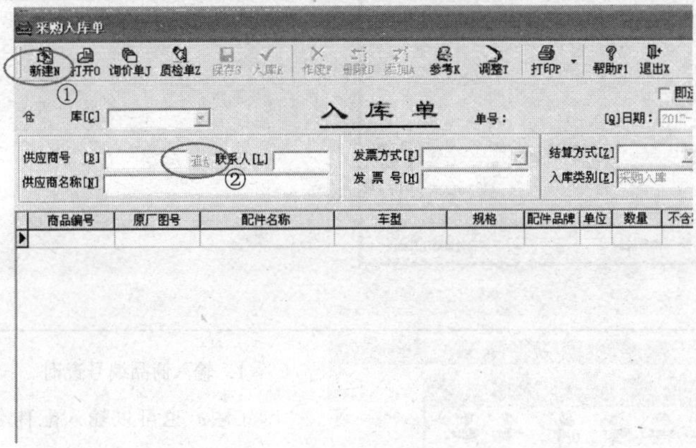

1．单击“新建”，可以建立一张新的采购入库单

2．单击“查 A”，进入供应商查询界面

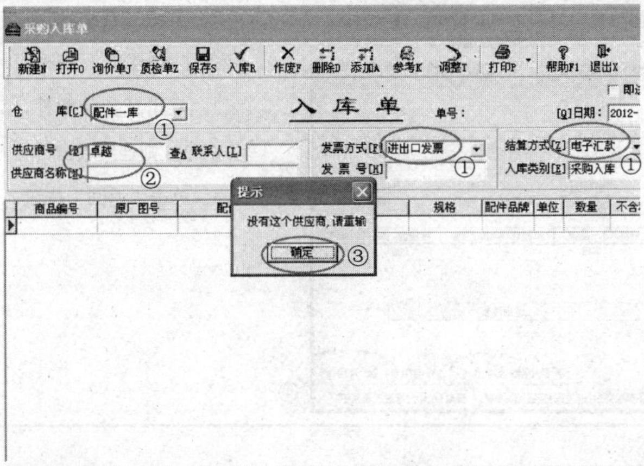

1．选取“仓库”、“发票方式、结算方式、入库类别

2．在此处输入供应商名，按回车键，提示没有该供应商

3．单击“确定”按钮

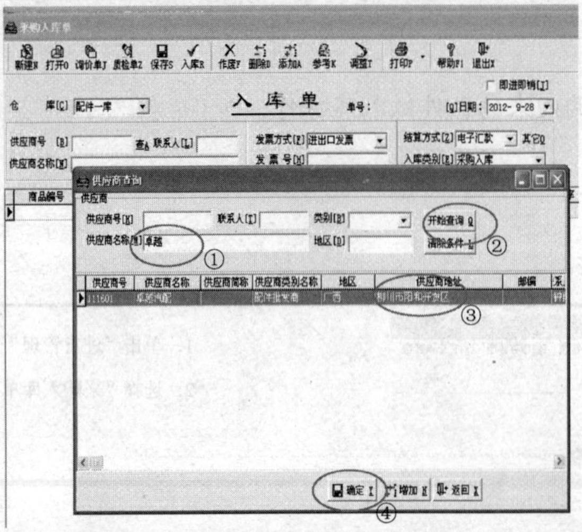

1. 输入供应商名称

2. 单击“开始查询”，符合条件的供应商显示在列表中

3. 双击选取供应商

4. 也可单击要选择的供应商，然后单击“确定”按钮完成选择

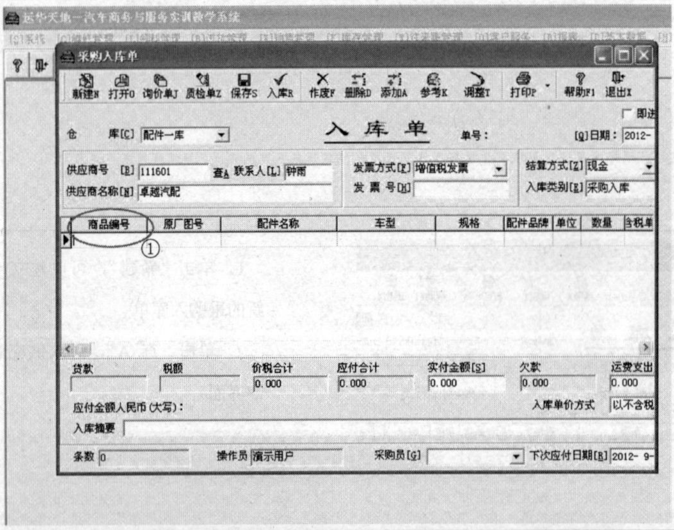

1. 双击此处，进行配件选择

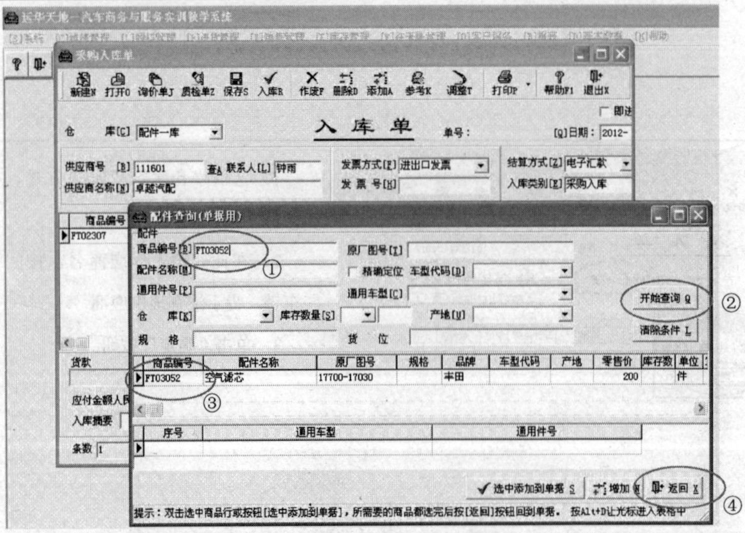

1. 输入商品编号查询

（注：也可以输入配件名称查询）

2. 单击“开始查询”按钮，符合条件的配件显示在列表

3. 双击订货的配件，订货品种为多个，则连续双击

4. 单击“返回”按钮

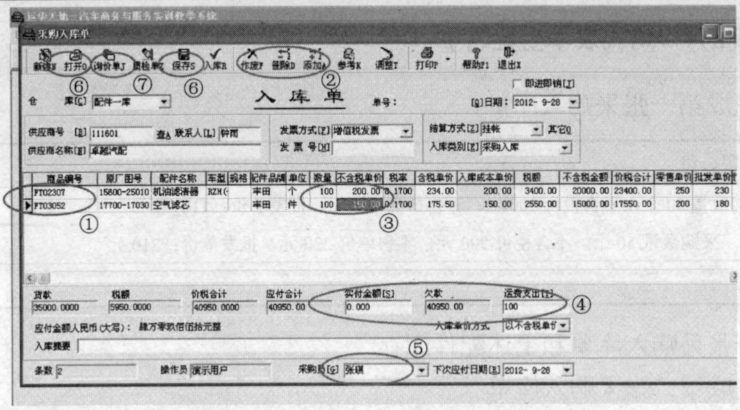

1．如想删除多选的配件：先单击目标配件（如不需删除，若跳过第2步）

2．再单击“删除”

3．输入订货数量和价格

4．输入实付金额、运费支出等内容

5．单击下拉框选择采购员

6．单击“保存”可以将采购单以草稿的形式保存。单击“打开”可以找到保存过的草稿

7．也可以单击“询价单”把确认过的询价单的内容调出来使用

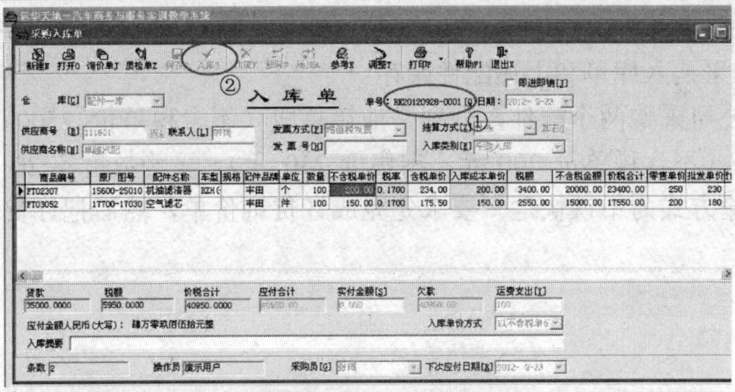

1．保存后产生采购入库单号，以当天日期和保存的先后顺序为编号，例如“RK20120928-001”代表2012年9月28日保存的第一张采购入库单

2．核对价格、数量、货款等信息无误后，单击“入库”完成采购入库单。配件的库存增加相应的数量

（二）查询采购入库单

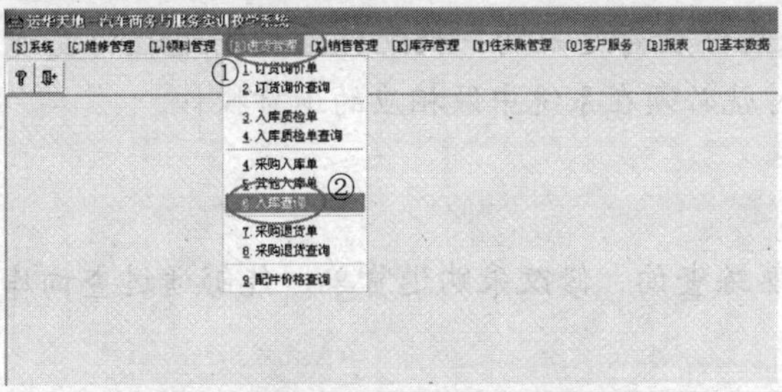

1．单击“进货管理”

2．选择“入库查询”，可以查询完成的采购入库单

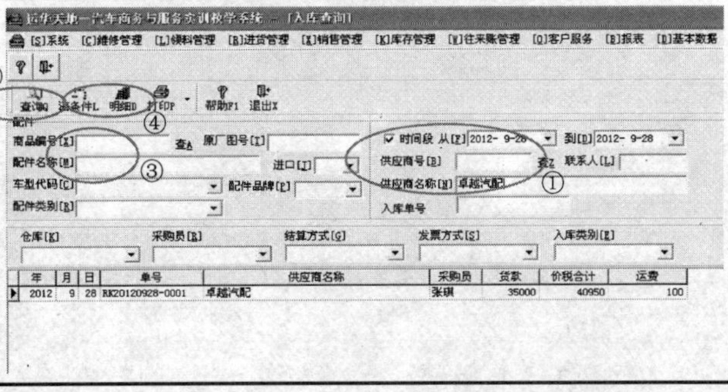

1．选择时间段，输入供应商名

2．单击“查询”，符合这两个条件的供应商显示在列表中

3．也可以通过配件名称、供应商号或订货人等字段进行单一或组合查询

4．选定某条记录，单击“明细”可以进一步查看详细内容

附：实训练习（文中出现的*均代表学生姓名）**

练习 1：根据下表信息完成第一张采购入库单

供应商	＊＊＊振兴汽配有限公司
商　品	***前保险杠，采购数量 50 个，不含税价 100 元，零售单价 120 元，批发单价：110 元 ***尾灯饰条（左），采购数量 50 个，不含税价 200 元，零售单价 220 元，批发单价：210 元
采购员	***

练习 2：查询完成的第一张采购入库单和上述配件库存

练习 3：根据下表信息完成第二张采购入库单

供应商	****北华汽配有限公司
商　品	***机油滤清器，采购数量 50 个，不含税价 200 元，零售单价 250 元，批发单价：230 元 ****空气滤清器总成，采购数量 50 个，不含税价 250 元，零售单价 295 元，批发单价 280 元
采购员	***

练习 4：查询完成的第二张采购入库单和上述配件库存

拓展练习：向一分利汽配公司采购两个配件，分别是油箱总成（不含税单价 2500 元，零售价 2600 元）和排气支管垫（不含税单价 200 元，零售价 230 元）。采购数量各 20 个，选择增值税票，现金支付，运输方式为中铁快运。要求先完成订货询价单，然后把订货询价单转化成采购入库单。

任务 3　采购退货

工作情景描述

某汽修厂配件采购员孙军上次在某供应商处采购一批配件在使用过程中发现有质量问题。他要将这些配件退给供应商，这时就必须在系统中做相应的退货操作。

学习目标

能够熟练完成采购退货单，能够熟练查询、修改采购退货单，能够通过查询库存量了解到退货前后库存量的变化。

设备器材

计算机若干台

系统平台

大型厂联网练习

教学组织建议

每位学生扮演采购员孙军，对存在质量问题的配件进行退货操作。

任务实施

（一）新建采购退货单

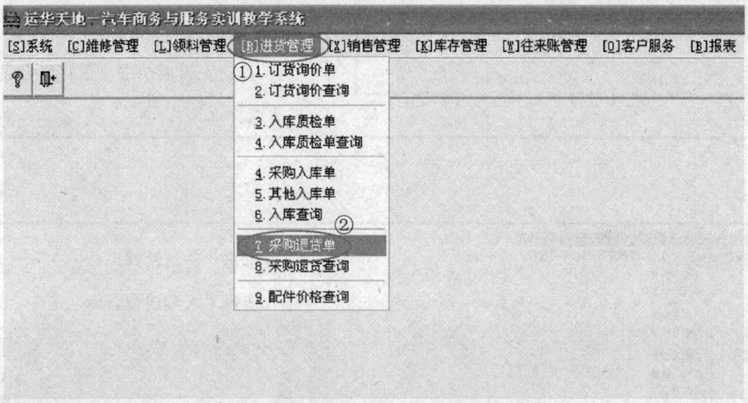

1．单击“进货管理”

2．选择“采购退货单”

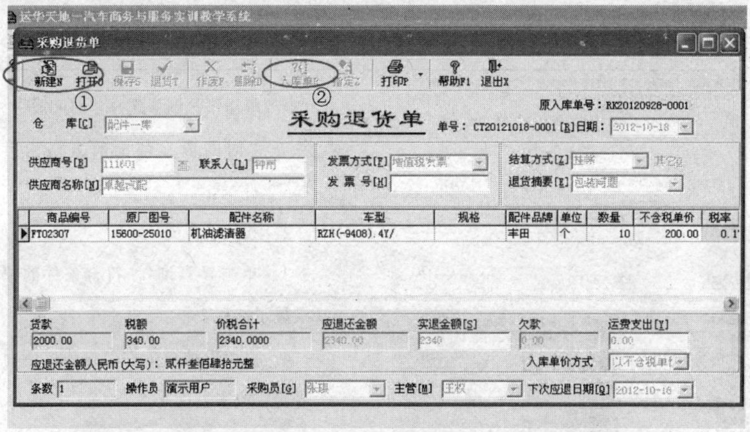

1．单击“新建”，可以建立一张新的采购退货单

2．单击“入库单”，进入采购入库单查询界面

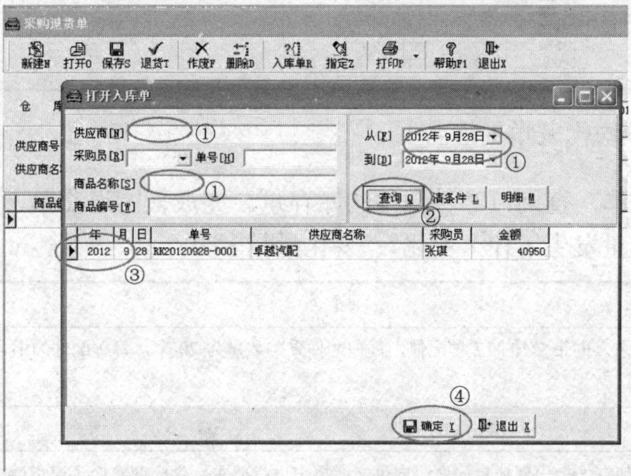

1．输入供应商名或采购员或商品名或选择日期

2．单击“查询”按钮，符合条件的采购入库单显示在列表中

3．双击想选取的采购入库单

4．也可单击想选取的采购入库单，然后单击“确定”按钮完成选择

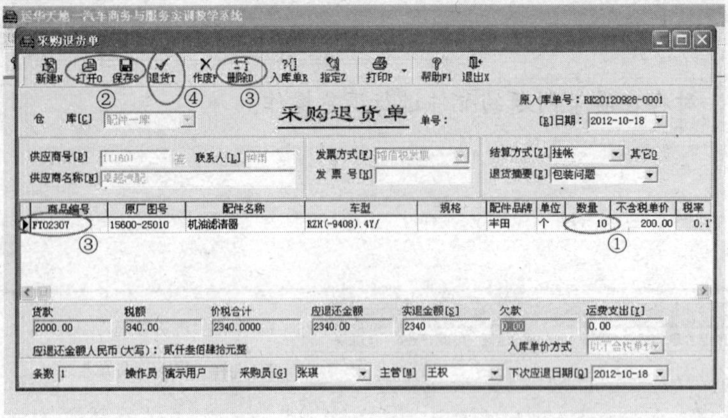

1．单击需要退货的商品，在“数量”处填写要退货的数量

2．单击“保存”，可以保存退货单草稿。单击“打开”可以找到保存过的草稿

3．单击某商品，再单击“删除”，可以把采购入库单中不需要退货的商品删除

4．检查无误后单击“退货”完成采购退货

（二）查询采购退货单

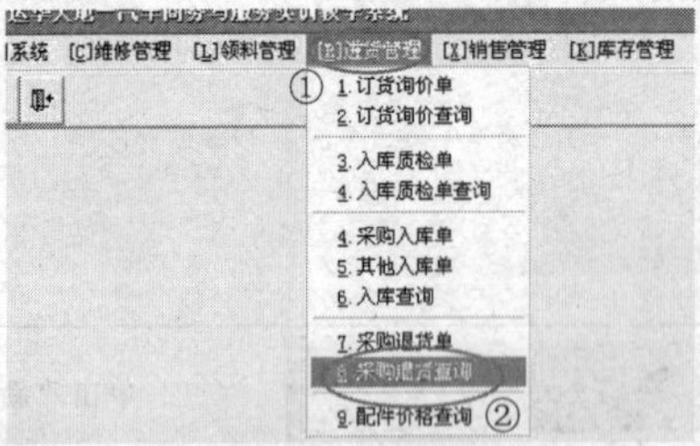

1．单击“进货管理”

2．选择“采购退货查询”

1．单击下拉箭头选择“时间段”，并在“时间段”前面的方格内打“√”

2．选择采购员

3．单击“查询”，符合条件的记录显示在列表中

4．也可以通过配件名称或供应商号等字段来查询

附：实训练习（文中出现的***均代表学生姓名）

根据以下信息先完成采购入库单，查询 17 种配件的库存量。完成采购退货单，再查询 17 种配件的库存量，它们的库存数量发生了什么变化？ 变化量是多少？

供应商	***北华汽配
商　品	项目一任务 4 的课堂练习录入的带***的 17 种配件，每种配件采购数量为 20 个，每种配件的不含税单价与该配件的零售价相同
采购员	***
情　景	买回来后，发现每种配件都有 5 个出现质量问题，向供应商提出退货要求，供应商答应了退货请求

任务4 销售出库

工作情景描述

配件销售员孙军将一批配件销售给某单位，需要在系统上完成销售出库单。

学习目标

能够熟练完成销售出库单和销售收款单，能够熟练查询、修改销售出库单。能够通过查询库存量了解到销售前后该配件库存量的变化。

设备器材

计算机若干台

系统平台

大型厂联网练习

教学组织建议

每位学生扮演配件销售员的孙军，将配件销售给某单位，完成销售出库单。

任务实施

（一）新建销售出库单

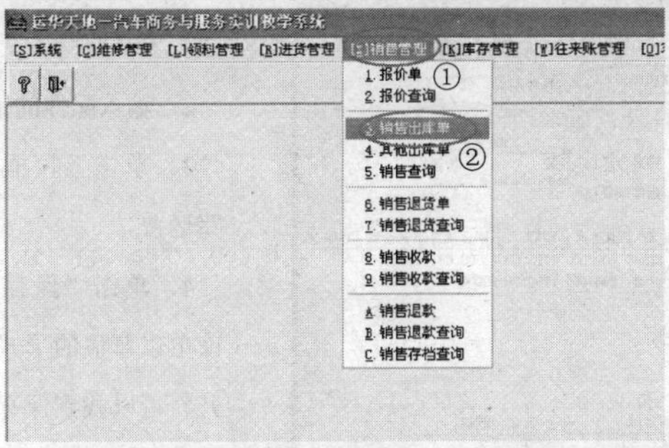

1. 单击“销售管理”
2. 单击“销售出库单”

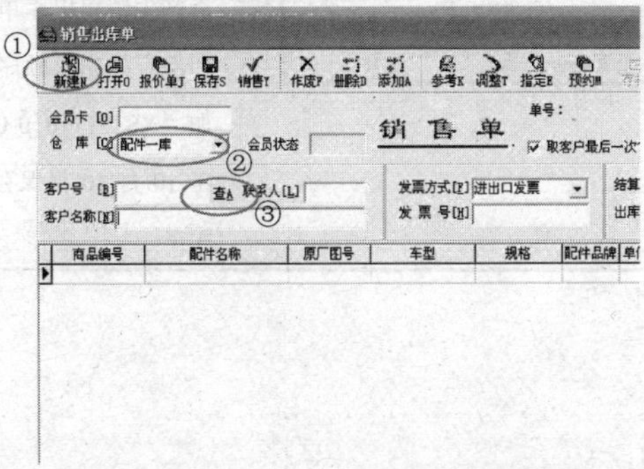

1. 单击“新建”，可以建立一张新的采购入库单
2. 单击下拉箭头，选择配件出库的仓库
3. 单击“查 A”，进入客户查询界面

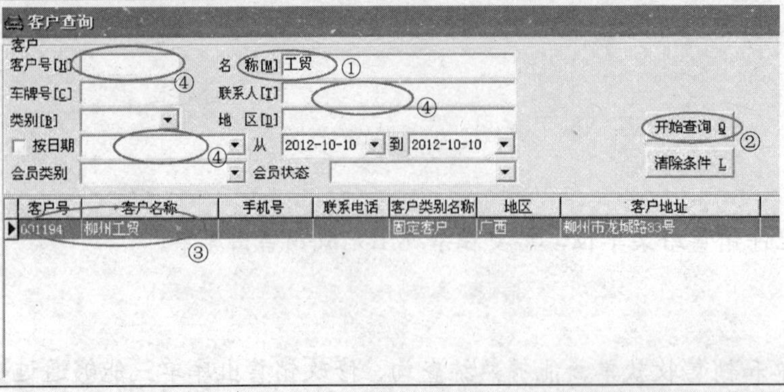

1. 输入客户名

2. 单击“开始查询”按钮，符合条件的供应商显示在列表中

3. 双击选取供应商，也可单击要选择的供应商，然后单击“确定”按钮完成选择

4. 也可以通过客户号、联系人、创建时间等来查询客户

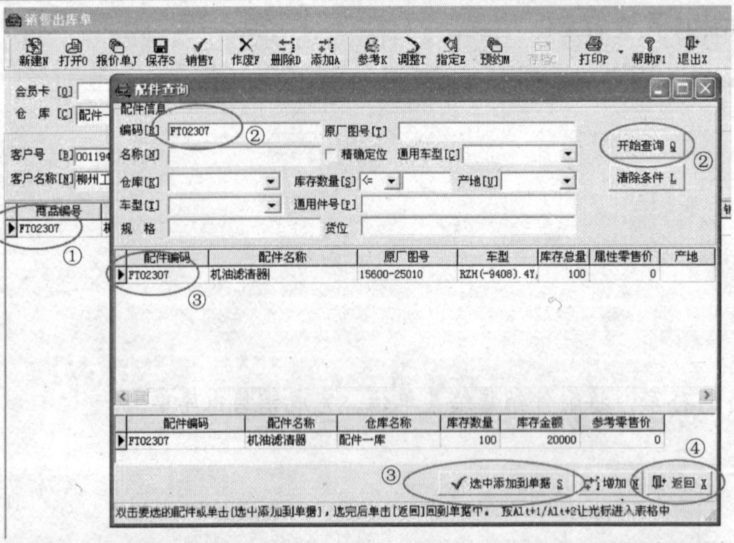

1. 双击此处，进入配件选择窗口

2. 输入配件编码，单击“开始查询”按钮，符合条件的配件信息显示在列表中（也可按配件名称或其他几种查询条件进行综合查询）

3. 双击选取的配件，也可单击要选择的配件，然后单击“选中添加到单据”按钮完成选择。

4. 选好所要的配件后，单击“返回”按钮

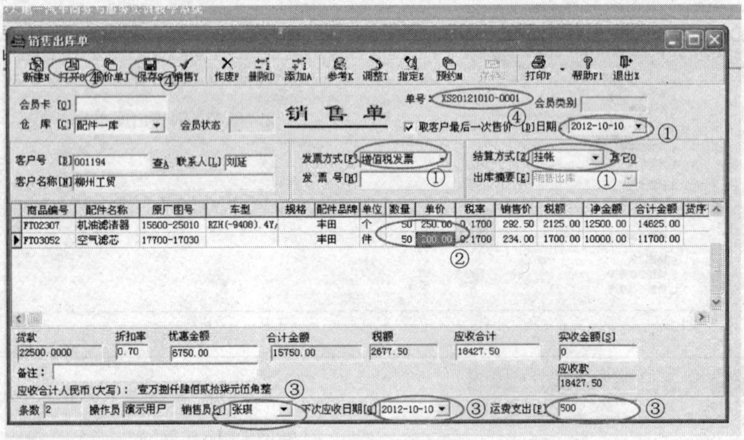

1. 选择“发票方式”、“结算方式”、“日期”

2. 输入配件的销售数量和单价

3. 单击下拉框选择销售员，填写运费

4. 单击“保存”可以将销售出库单以草稿的形式保存。单击“打开”可以找到保存过的草稿。保存后产生销售出库单号，以当天日期和保存的先后顺序为编号依据。例如“XS20121010-0001”代表 2012 年 10 月 10 日保存的第一张销售出库单

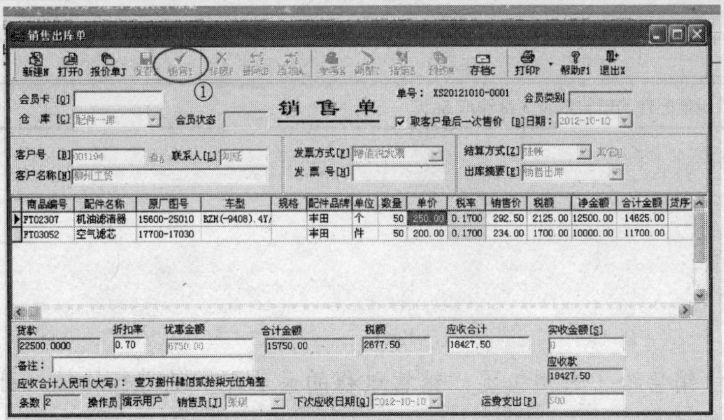

1．核对价格、数量、实收金额等信息无误后，单击“销售”完成销售出库单。配件的库存减少相应的数量。

（二）查询销售出库单

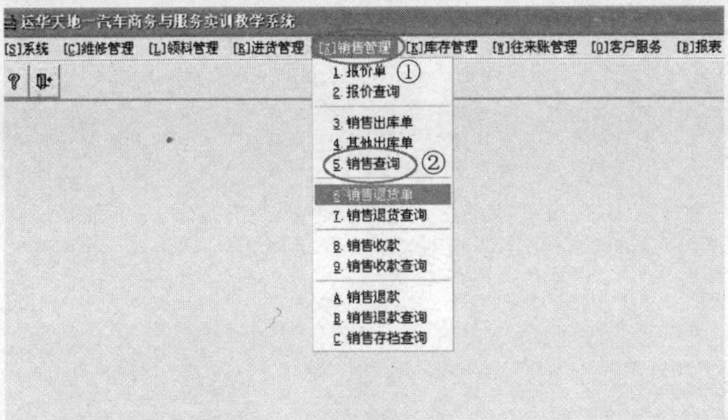

1．单击“销售管理”

2．选择“销售查询”，可以查询完成的销售出库单

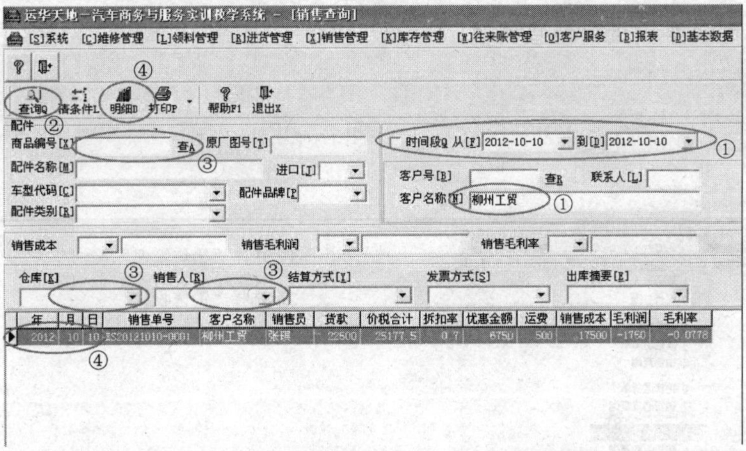

1．选择时间段（在时间段前打勾），单击下拉箭头选择时间段。输入客户名称

2．单击“查询”，符合这两个条件的客户显示在列表

3．也可以通过商品编号、配件名称、仓库、销售人等字段进行单一或组合查询

4．选定某条记录，单击“明细”可以进一步查看详细内容

附：实训练习（文中出现的***均代表学生姓名）

根据以下信息完成销售出库单，并查询该销售单

客　户	***北京盛海世纪广告有限公司
销售商品	***机油滤清器，价格 250 元/个，销售数量 5 个；***空气滤清器总成，价格 300 元/个，销售数量 5 个；***前保险杠→价格 600 元/个，销售数量 2 个

续表

销售员	***
情　景	填制销售单的时候错误把配件的销售数量 3 都输成 5

任务 5　销售收款

工作情景描述

配件销售员孙军将一批配件销售给了柳州工贸，销售过程的最后一步是进行收款，孙军需要在系统中进行销售收款操作。

学习目标

能够熟练完成销售收款。

设备器材

计算机若干台

系统平台

大型厂联网练习

教学组织建议

每位学生扮演配件销售员的孙军，进行销售收款。

任务实施

（一）新建销售收款单

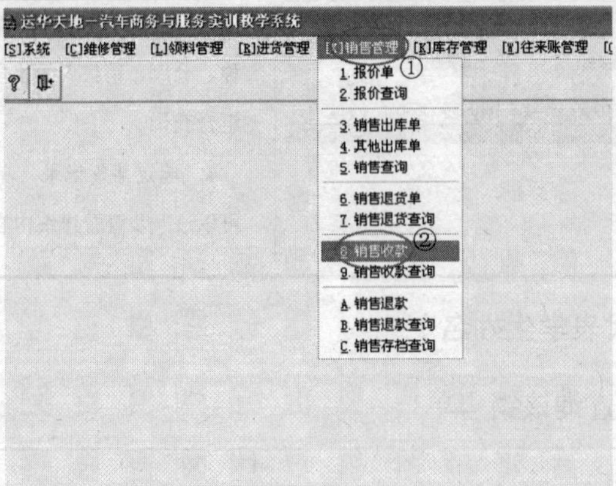

1. 单击“销售管理”
2. 选择“销售收款”

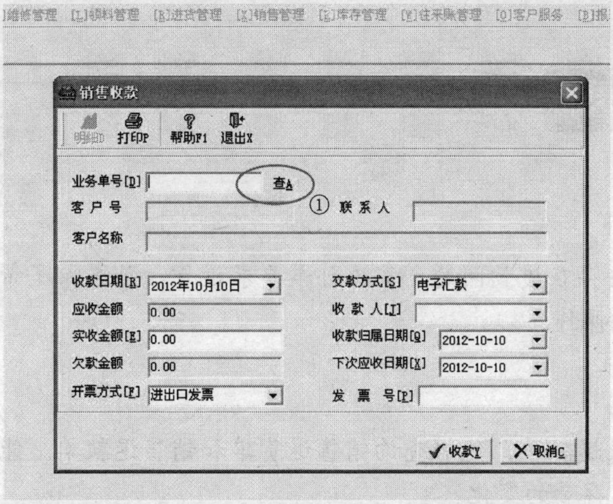

1. 单击“查A”查找业务单号

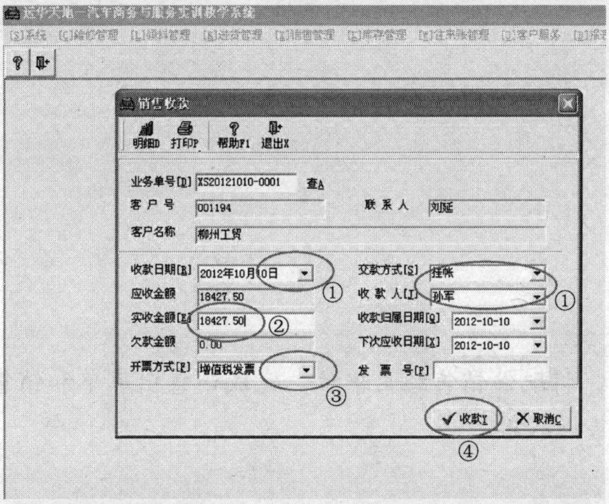

1. 单击下拉框选择收款日期、交款方式、收款人

2. 填写实收金额

3. 单击下拉框选择开票方式

4. 检查各种信息无误后单击“收款”按钮

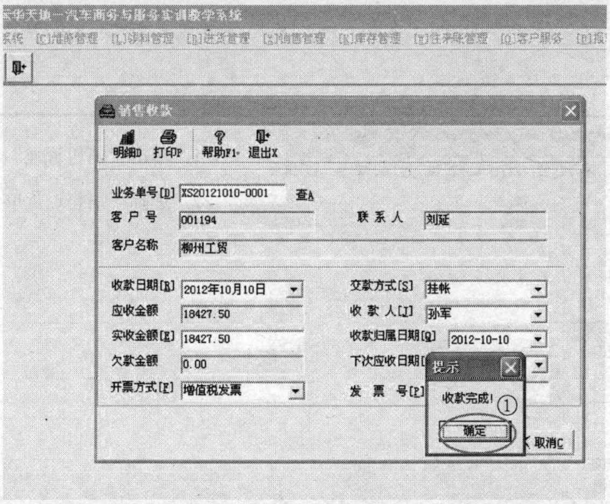

1. 提示收款成功，单击“确定”按钮，完成销售收款。

附：实训练习（文中出现的*均代表学生姓名）**

向客户***北京盛海世纪广告有限公司收取货款，在系统中完成收款操作。

任务 6　销售退货和销售退款

工作情景描述

该单位收到配件后发现其中一些存在质量问题，拿给孙军要求退货，孙军除了帮退货还需在系统中进行销售退货和销售退款操作。

学习目标

能够熟练完成销售退货单和销售退款单，能够查询销售退货单和销售退款单。能够通过查询库存量了解到退货前后该配件库存量的变化。

设备器材

计算机若干台

系统平台

大型厂联网练习

教学组织建议

每位学生扮演配件销售员的孙军，将配件销售给某单位，完成销售出库单和销售。该单位把配件退回，完成销售退货单和销售退款单。

任务实施

（一）新建销售退货单

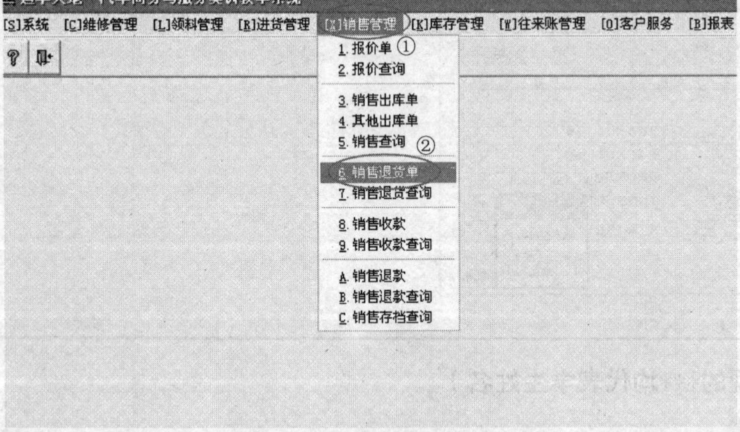

1. 单击“销售管理”
2. 选择“销售退货单”

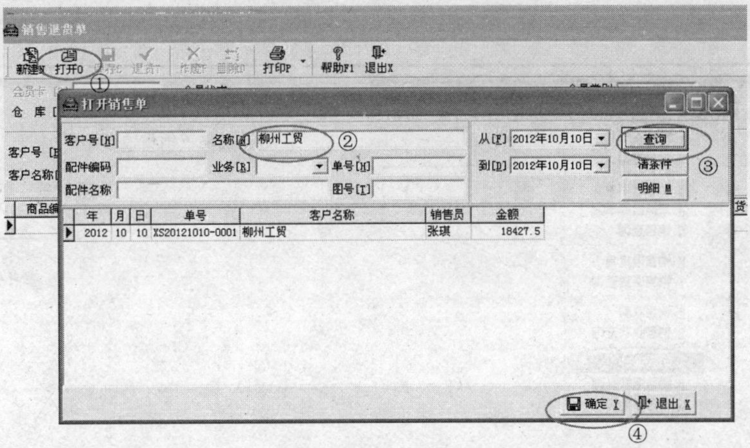

1．单击“打开”，可以打开历史销售单

2．输入客户名称

3．单击“查询”按钮，进行查询

4．选定销售单，单击“确定”按钮，可以打开销售单

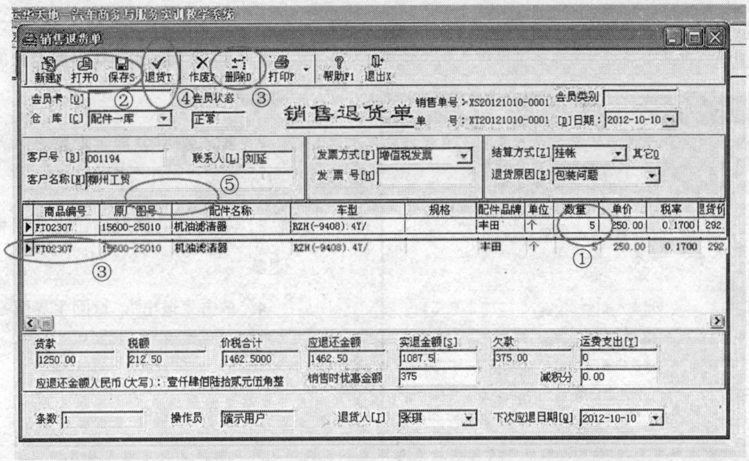

1．单击需要退货的商品，在“数量”处填写要退货的数量

2．单击“保存”，可以保存退货单草稿。单击“打开”可以找到保存过的草稿

3．单击某商品，再单击“删除”，可以把销售出库单中不需要退货的商品删除

4．检查无误后单击“退货”完成销售退货

（二）查询销售退货单

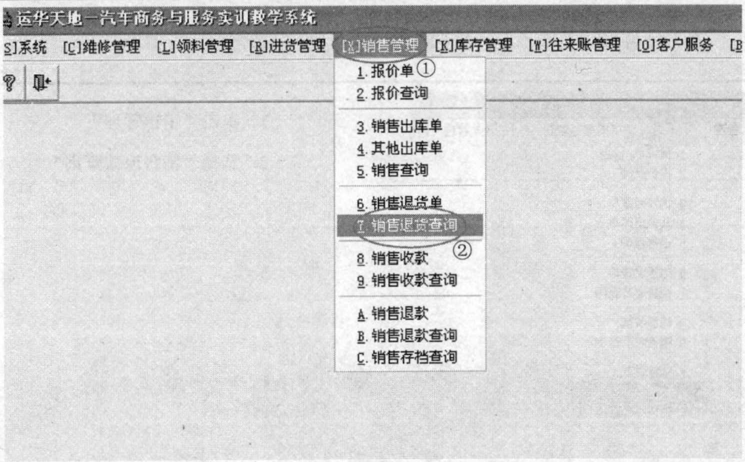

1．单击“销售管理”

2．选择“销售退货查询”。在弹出的对话框中按往常的方法进行查询

（三）新建销售退款单

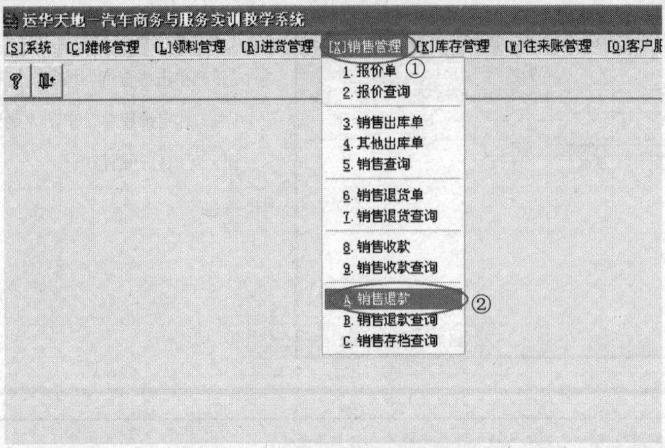

1. 单击“销售管理”
2. 选择“销售退款”

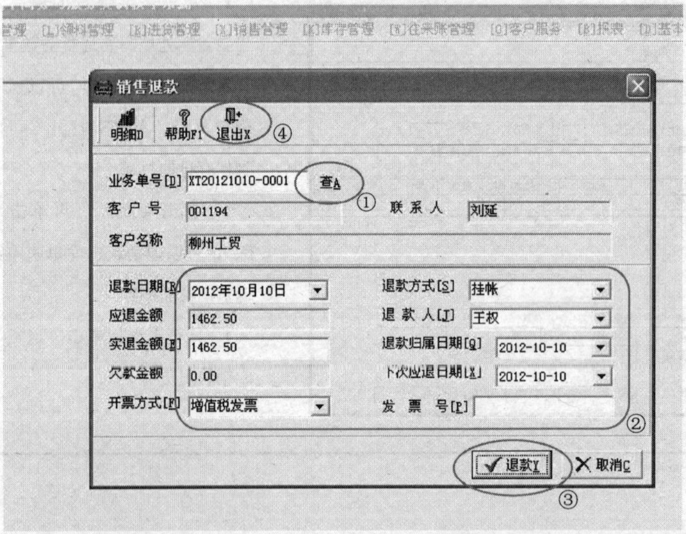

1. 单击“查 A”找出要退款的业务单号
2. 输入实退金额、退款人、开票方式等
3. 单击“退款”按钮完成销售退款
4. 单击“退出”，返回主界面

（四）查询销售退款单

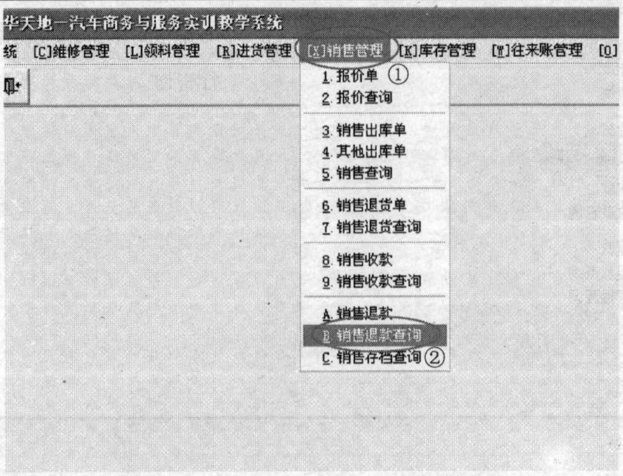

1. 单击“销售管理”
2. 选择“销售退款查询”

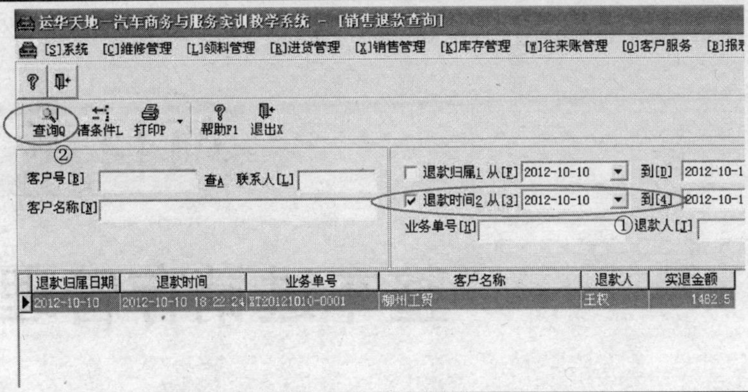

1．单击下拉箭头，选择退款时间段，在“退款时间”前打“√”

2．单击“查询”，符合条件的销售退款单显示在列表中

附：（一）实训练习（文中出现的***均代表学生姓名）

练习 1：根据以下信息先完成销售出库单，再完成销售退货单，并查询销售退货单

客　户	***北京盛美领航国际广告有限公司
销售商品	***机油滤清器，价格 250 元/个，销售数量 5 个 ****空气滤清器总成→价格 300 元/个，销售数量 10 个 ***前保险杠→价格 600 元/个，销售数量 5 个
整单折扣	0.8
销售员	***
情　景	客户把配件买回去后，发现 2 个****空气滤清器总成有质量问题，提出退货。经协商同意给客户退货

项目三

整车进销存管理

任务1 整车销售订货

工作情景描述

客户陆彪今天到4S店看中某一款车，但是店里没有他喜欢的白色款，4S店整车销售员孙军要求客户订购该款车型的白色款，并承诺客户8天之后能将新车交付。

学习目标

能够熟练完成整车销售订单操作。

设备器材

计算机若干台

系统平台

汽贸联网练习

教学组织建议

每位学生扮演整车销售员孙军，完成整车销售订单。

任务实施

1. 单击“帮助”

2. 选择“汽贸导航”

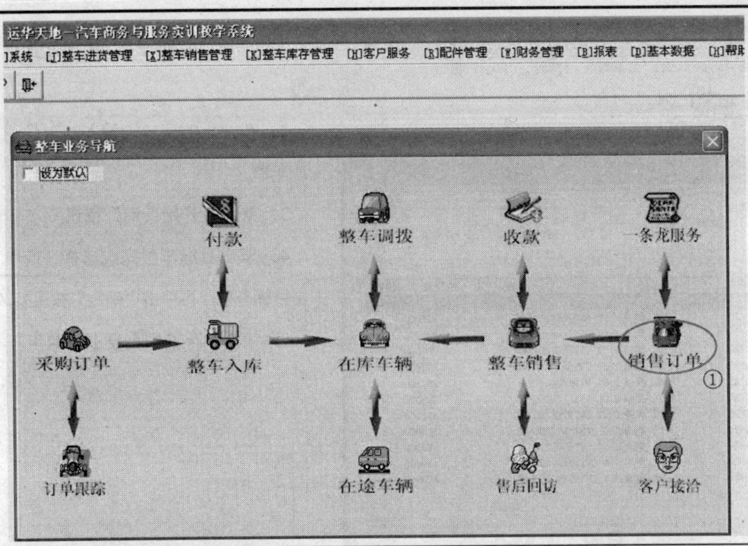

1．单击“销售订单”，进入销售订单界面

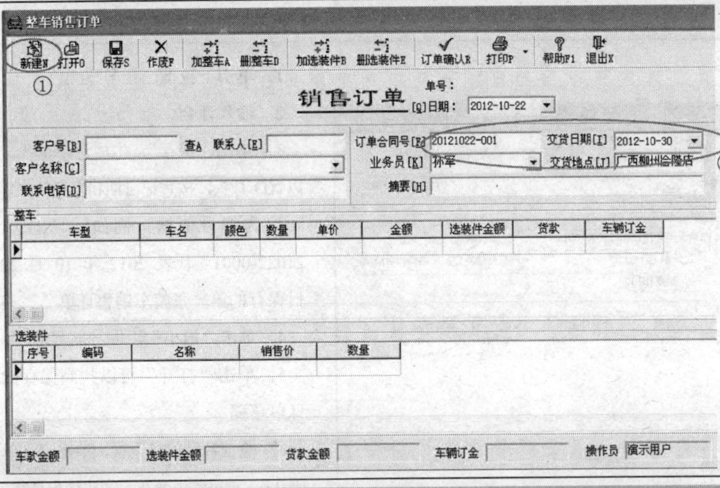

1．单击“新建”，灰色文字变成黑色

2．输入订货日期、交货日期、订单合同号、交货地点，选择业务员

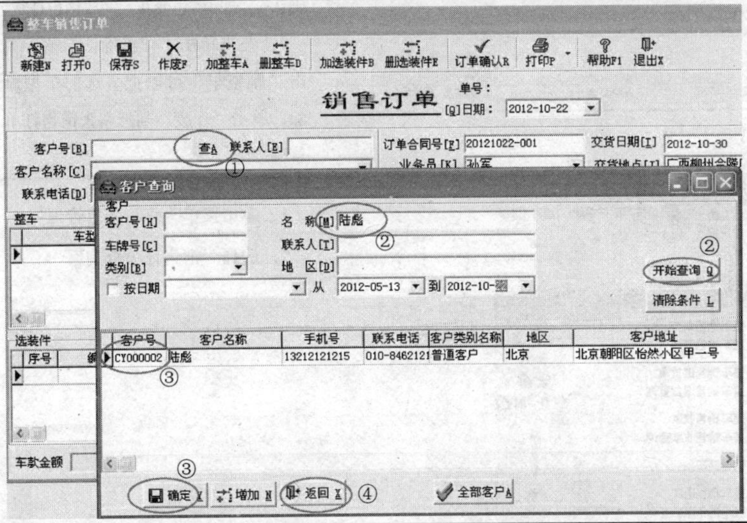

1．单击“查A”，进入客户查询界面

2．在弹出的窗口中输入客户名称，单击“开始查询”，符合条件的客户显示在列表中

3．单击目标客户，单击“确定”按钮，完成客户选择

4．单击“返回”按钮，返回订单界面

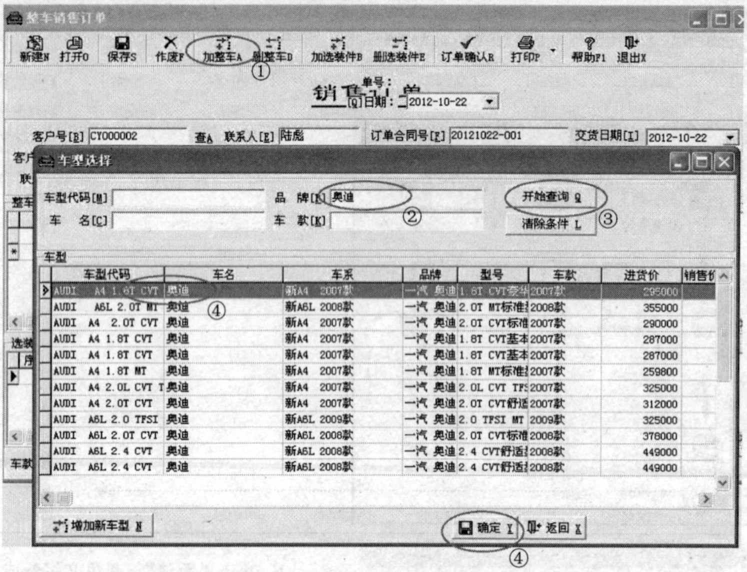

1. 单击“加整车”，选择订货车型

2. 在弹出的窗口中输入汽车品牌或车款

3. 单击“开始查询”按钮

4. 双击目标车型完成选择（或单击目标车型，再单击“确定”按钮）

（继续添加车辆则重复上述操作）

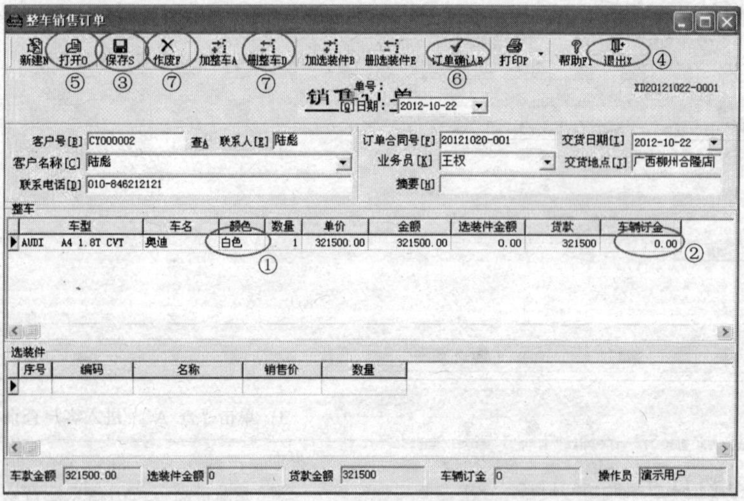

1. 单击下拉框选择车型颜色

2. 输入订金

3. 单击“保存”，生成订单草稿，以XD开头，按登记日期和保存的先后顺序为编号依据。例如：“XD20121022-0001”代表2012年10月22日保存的第一张整车销售订单

4. 单击“退出”返回导航界面

5. 单击“打开”可以找到保存的订单草稿

6. 检查各种信息无误，单击“订单确认”，菜单颜色变灰，完成销售订货

7. 在未单击“订单确认”前，单击“删整车”可以把多选的车型删除，单击“作废”则把整张销售订单草稿废除

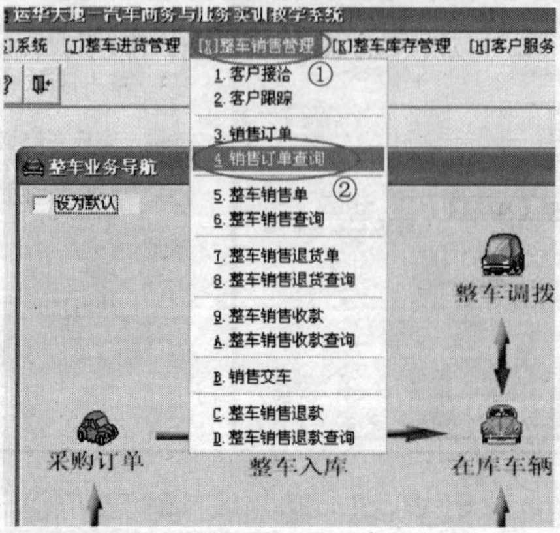

1. 单击菜单“整车销售管理”

2. 选择“销售订单查询”

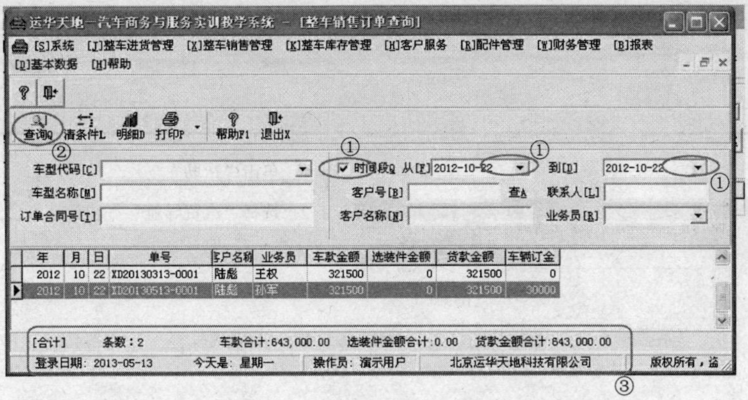

1. 单击下拉箭头选择时间，并在时间段前的方格内打“√”

2. 单击“查询”，符合条件的记录显示在列表中

3. 从页面下方可以读取销售订单汇总信息

附：实训练习（文中出现的*均代表学生姓名）**

订车客户为“陆彪”，订购车型为：AUDI A4 1.8T CVT 新 A4 2007 款，进货价 295000 元，销售价 321500 元。

任务 2 整车采购订单

工作情景描述

某 4S 店整车订购员孙军按照采购计划今天须与某整车供应商订一批整车，作为整车订购员的孙军向供应商下订单。

学习目标

能够熟练完成整车订单，能够熟练查询、修改和删除整车订单。

设备器材

计算机若干台

系统平台

汽贸联网练习

教学组织建议

每位学生扮演整车订购员孙军，向整车供应商下订单。

任务实施

（一）整车采购订单

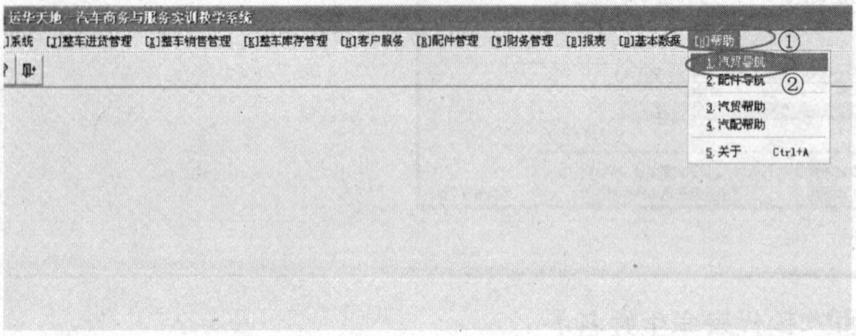

1．单击“帮助”

2．选择“汽贸导航”

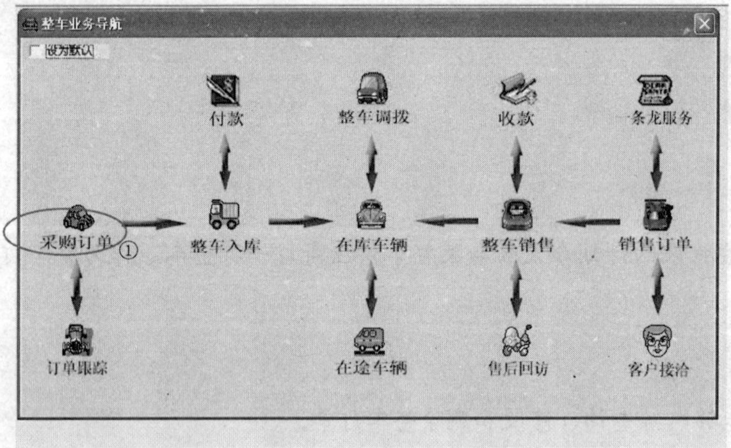

1．单击“采购订单”，进入采购订单界面

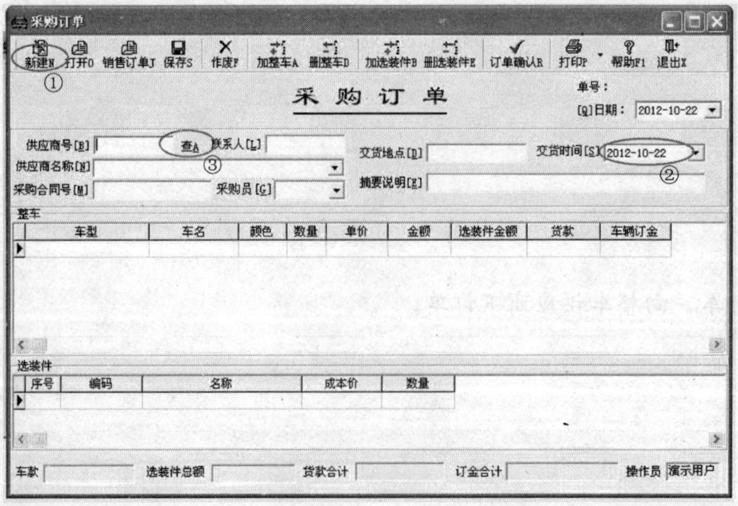

1．单击“新建”，建立一张新的整车采购订单

2．订货日期默认当天，选择交货时间

3．单击“查A”，查询供应商

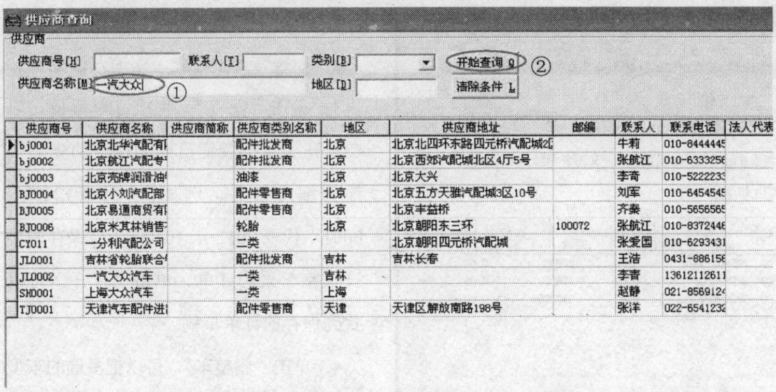

1. 在弹出的窗口里输入供应商名称

2. 单击“开始查询”按钮，查询指定的供应商。如果查不出指定的供应商，在供应商名称处输入关键字，进行模糊查询

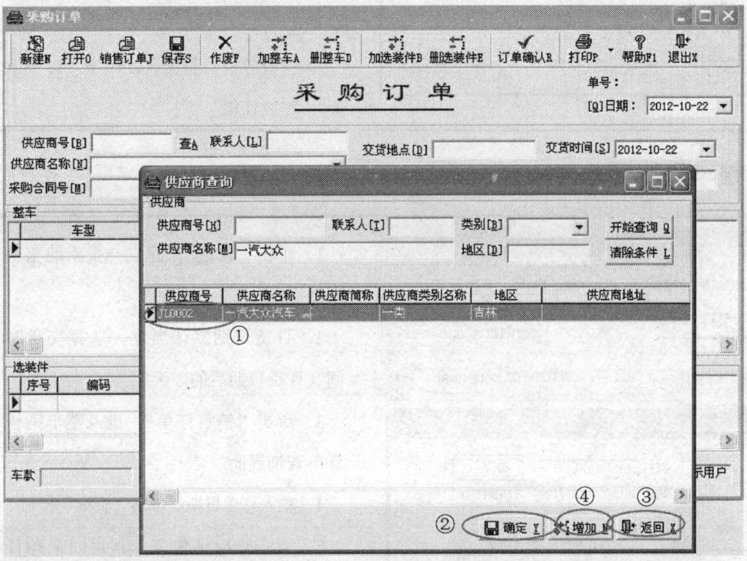

1. 单击目标供应商

2. 单击“确定”按钮，完成供应商的选择

3. 单击“返回”按钮，回到采购订单主界面

4. 如果查询无该供应商，则单击“增加”按钮，增加一个新的供应商

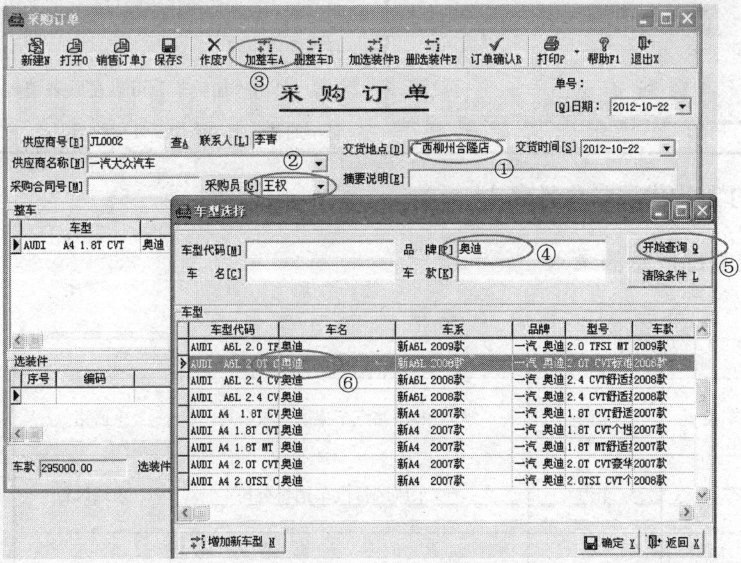

1. 输入交货地点

2. 选择采购员

3. 单击“加整车”，选择订货订车型

4. 在弹出的窗口中输入汽车品牌

5. 单击“开始查询”按钮

6. 双击目标车型完成选择（或单击目标车型，再单击确定）

（继续添加车辆则重复上述操作）

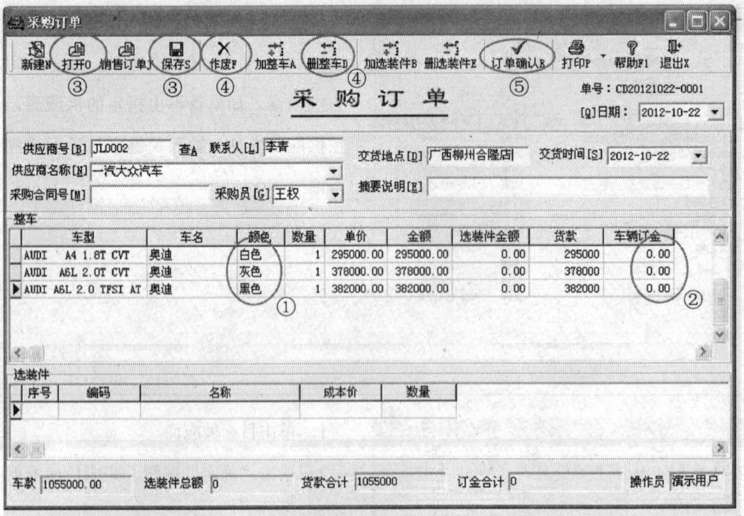

1．单击下拉框选择车型颜色

2．如顾客交了订金，则输入订金

3．单击“保存”，生成订单草稿，以CD开头，按登记日期和保存的先后顺序为编号依据。例如：“CD20121022-0001”代表2012年10月22日保存的第一张整车采购订单。单击“打开”可以找到保存的订单草稿

4．单击“删整车”，可以把多选的车型删除。单击“作废”则把整张采购订单废除

5．检查各种信息无误，单击“订单确认”，完成订货

（二）由销售订单快捷生成整车采购订单

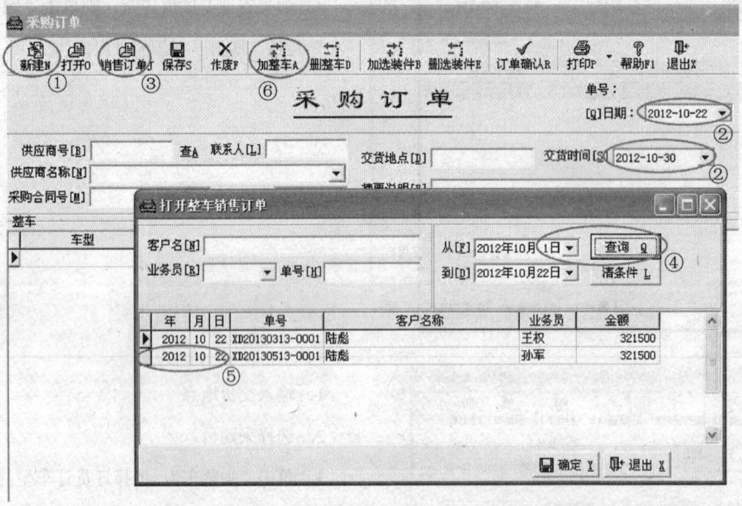

1．单击“新建”，建立一张新的整车采购订单

2．订货日期默认当天，选择交货时间（订货日期后的8天）

3．单击“销售订单”，进入整车销售订单查询界面

4．输入订单日期，单击“查询”按钮

5．双击目标销售订单，返回采购订单界面。后面的操作步骤与前述的采购订单操作相同

6．单击“加整车”可以在原来销售订单的基础上加添加要订货的车型

附：实训练习（文中出现的***均代表学生姓名）

练习1：根据下表信息完成基础信息的录入

（1）添加整车供应商信息

供应商号	联系人	类别	地区	名称和全称	简称
工号***10	***	整车类	上海	***上海盛铭汽车集团有限公司	盛铭
工号***11	***	整车类	上海	***东风风行汽车销售公司	东风风行
工号***12	***	整车类	上海	***大众汽车销售公司	大众

（2）添加购买整车客户信息

客户名称	联系人	类别	地区	全称	地址
工号***整车客户 01	***	保险客户	北京	***北京运华软件有限公司	
工号***整车客户 02	***	保险客户	北京	***上海中博广告有限公司	
工号***整车客户 03	***	保险客户	北京	***江苏金赛尔科技有限责任公司	
工号***整车客户 04	***	保险客户	北京	***广州恒翔贸易有限公司	

练习 2：根据下表信息完成整车采购订单

供应商	***上海盛铭汽车集团有限公司
商品	奥迪，车型代码为 AUDI A4 1.8T CVT 新 A4 2007 款，进货价 295000 元，销售价 321500，白色
采购员	***
情景	保存订单草稿后，又追加增订了两辆车： 奥迪，新 A6L　2008 款，数量 1，进价 449000 元 别克，2.4AT，数量 1，进价 195000 元

任务 3　整车入库

工作情景描述

某 4S 店整车采购员叶侦林向供应商订的一批整车已经到货，并且已验车完毕，叶侦林要在系统中对这批整车进行入库操作。

学习目标

学会在调用采购订单的基础上，如何删整车、加整车。能够熟练完成整车入库单。

设备器材

计算机若干台

系统平台

汽贸联网练习

教学组织建议

每位学生扮演整车采购员的叶侦林，完成整车入库单操作。

任务实施

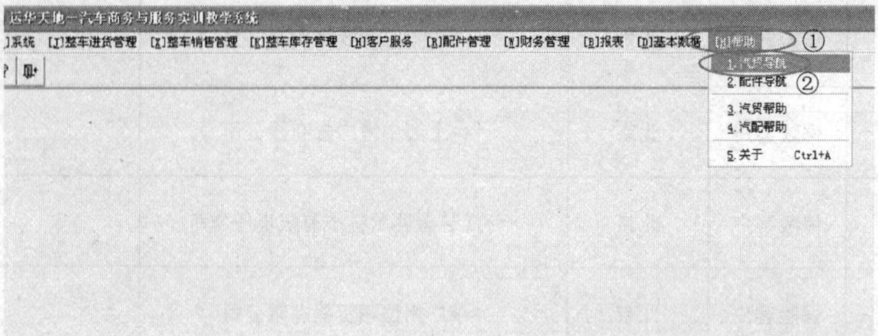

1．单击“帮助”

2．选择“汽贸导航”

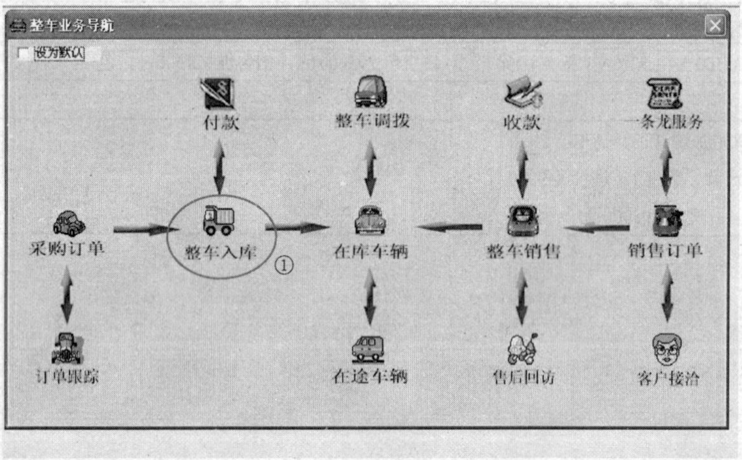

1．单击“整车入库”，进入整车入库操作界面

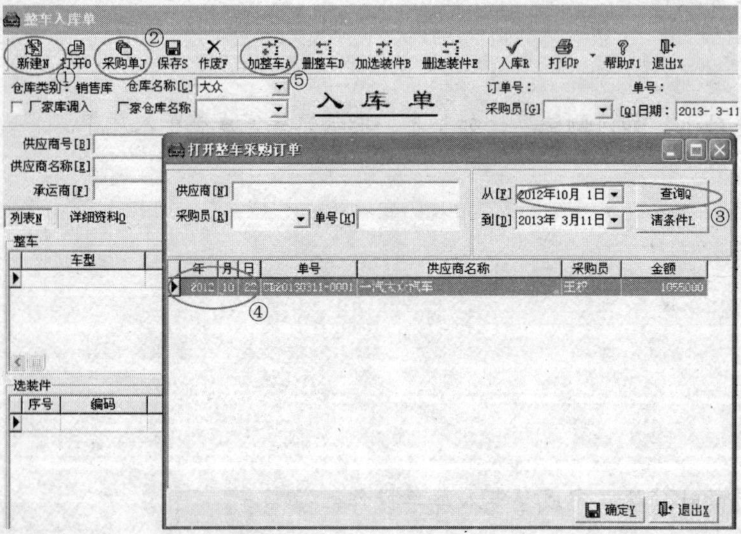

1．单击“新建”，建立一张新的整车入库单，灰色文字变成黑色

2．单击“采购单”，进入订单选择界面

3．选择日期，单击“查询”按钮，进行订单查询

4．双击目标订单，可以把订单中的车型调到采购入库单使用

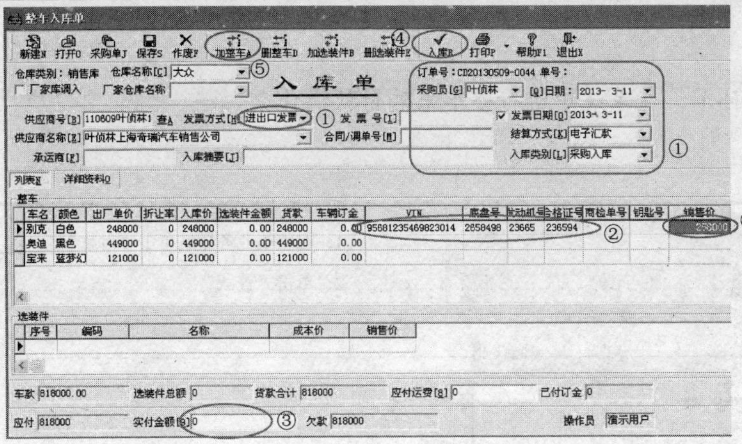

1．选择采购员、采购日期、选择发票方式、结算方式、入库类别；选择“发票日期”并在前面的方格内打“√”

2．输入 17 位 VIN 码，发动机号、合格证书号，并保证每辆车的 VIN 不重复

3．输入销售价，该价格比入库价多 10000 万元。输入实付金额

4．单击“入库”，完成整车入库单

5．如果系统中没有订单，可以单击“加整车”，按照采购订单的操作方式添加车辆

附：实训练习（文中出现的*均代表学生姓名）**

根据下表信息完成整车采购入库单

供 应 商	***上海盛铭汽车集团有限公司
商 品	奥迪，车型代码为 AUDI A4 1.8T CVT　新 A42007 款，进货价 29500 元，销售价 321500，白色 奥迪，新 A6L　2008 款，数量 1，进价 449000 元 别克，2.4AT，数量 1，进价 195000 元
采购员	***

任务 4　整车采购付款

工作情景描述

某 4S 店按照采购计划向生产厂家所订的一批整车已经到货，通过验车并入库完毕，这时，财务部会计孙军须把货款付给厂家，并同时在系统中进行付款操作。

学习目标

能够熟练完成整车付款操作。

设备器材

计算机若干台

系统平台

汽贸联网练习

教学组织建议

每位学生扮演财务部会计孙军，在系统中进行整车采购付款操作。

任务实施

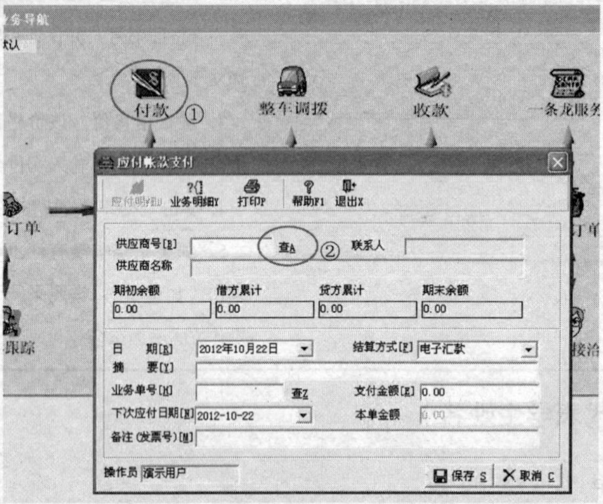

1．在整车业务导航单击“付款”

2．单击“查A”

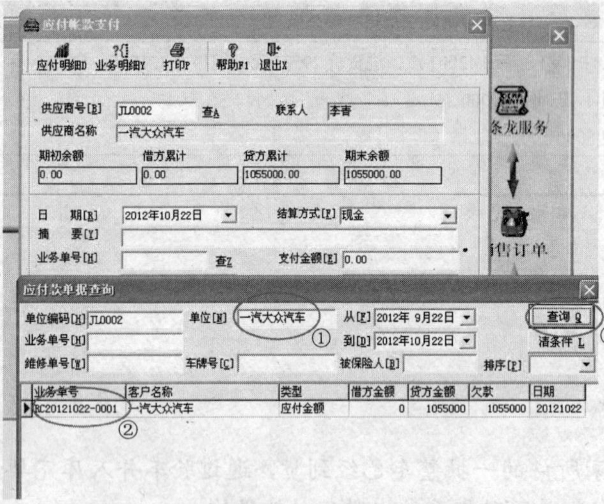

1．在弹出的对话框中输入单位，单击“查询”按钮，符合条件的业务单号显示在列表

2．双击选择某一业务单号

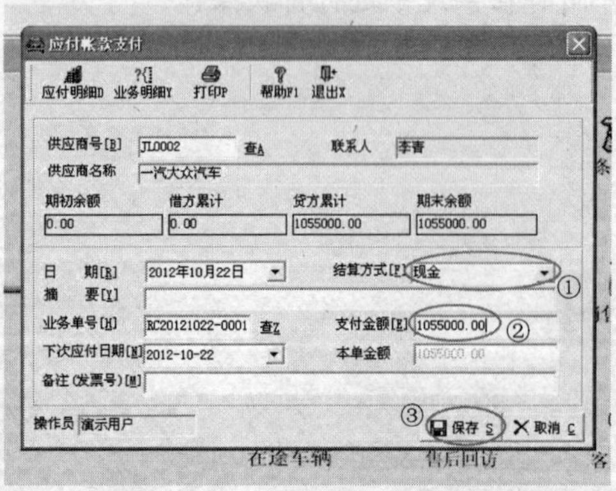

1．单击下拉箭头，选择结算方式

2．输入支付金额

3．单击“保存”按钮

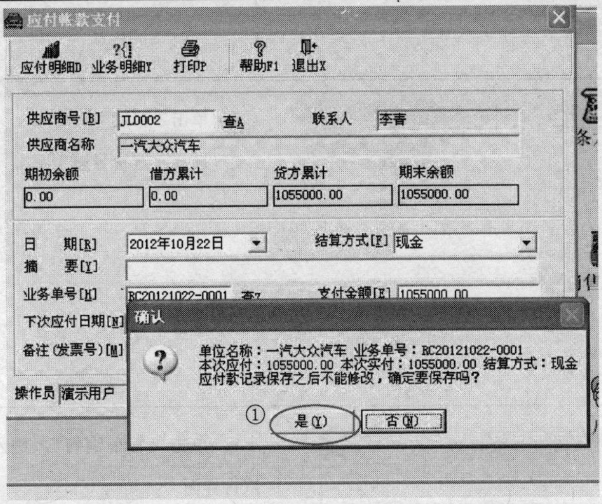

1．单击“是”按钮，完成采购付款

附：实训练习（文中出现的*均代表学生姓名）**

给供应商“***上海盛铭汽车集团有限公司”付款，完成系统中的付款操作。

任务5　整车销售出库

工作情景描述

某客户于上星期看中某款车型，并已向4S店交纳订金，他今天过来提车，整车销售员孙军负责接待该客户，同时孙军须在系统中对客户所提的那辆车进行销售出库操作。

学习目标

能够熟练完成整车销售出库，能够在系统中熟练进行一条龙服务的操作。

设备器材

计算机若干台

系统平台

汽贸联网练习

教学组织建议

每位学生扮演整车销售员的孙军，在系统中进行整车销售出库操作。

任务实施

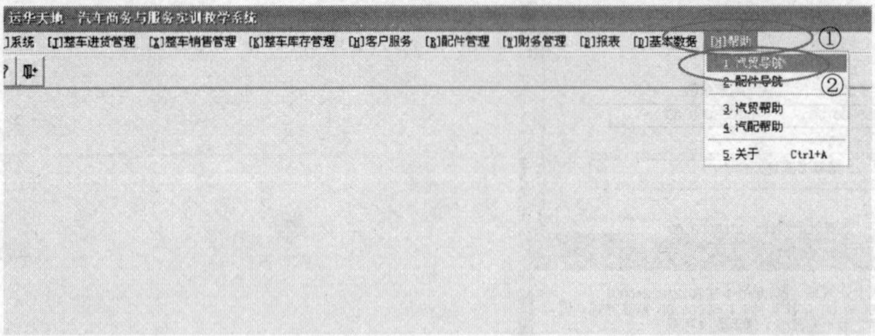

1．单击“帮助”

2．选择“汽贸导航”

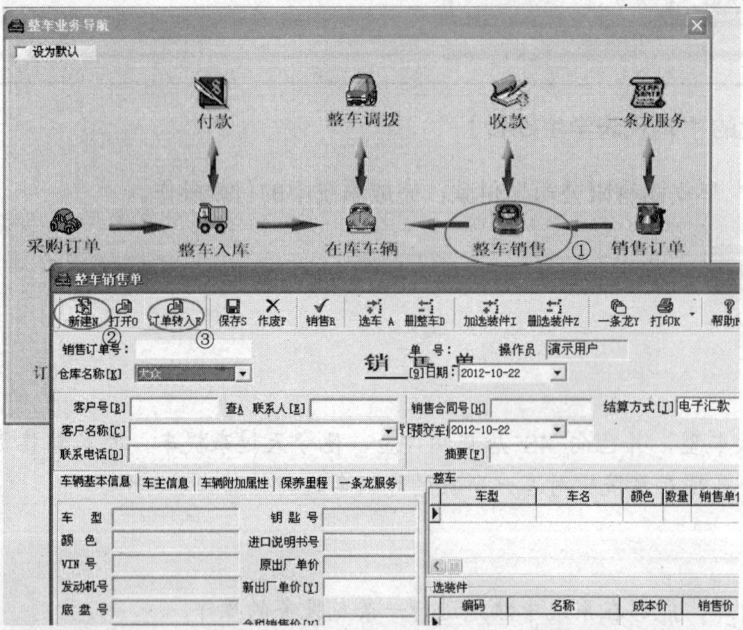

1．单击“整车销售”，进入整车销售界面

2．在弹出的对话框中，单击“新建”

3．单击“订单转入”，把订单的内容调到销售单中使用

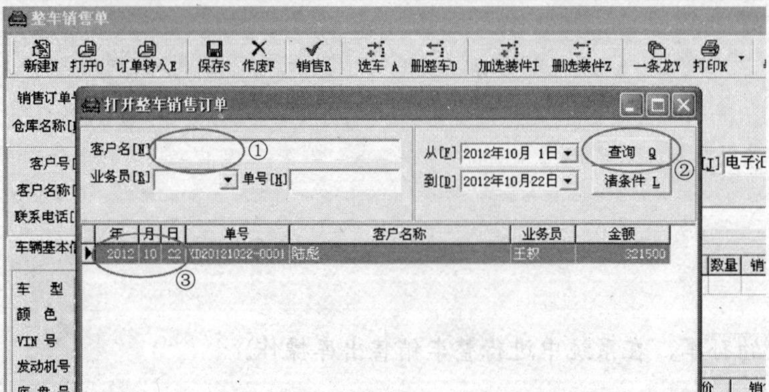

1．在“客户名称”处输入客户名称

2．单击“查询，符合条件的销售订单显示在列表中

3．单击目标销售订单

4．再单击“确定”按钮，完成把订单的内容调到销售单中使用

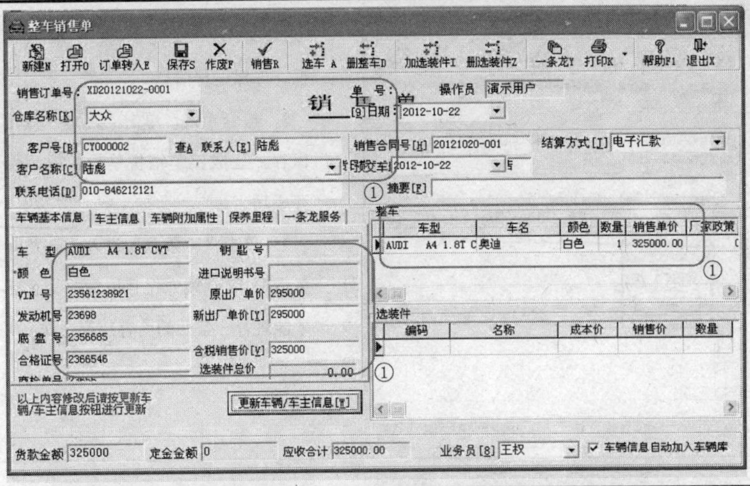

1．销售订单内容转入为销售单内容

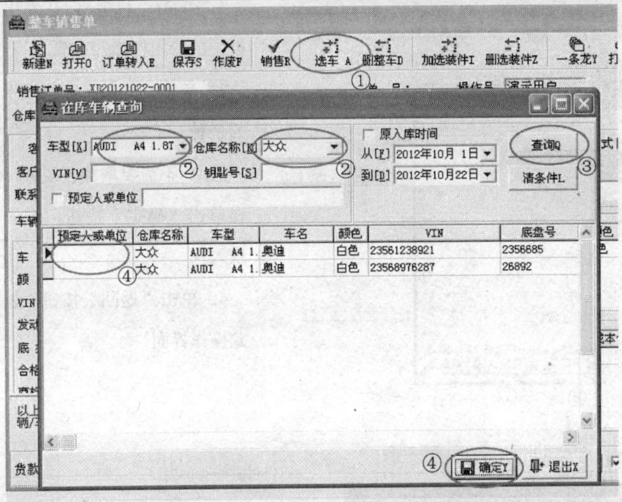

1．单击“选车”，可以继续增加车辆

2．单击下拉箭头，选择仓库和目标车型

3．单击“查询”按钮，符合条件的车辆显示在列表中

4．单击目标车辆，再单击“确定”按钮完成车辆选择

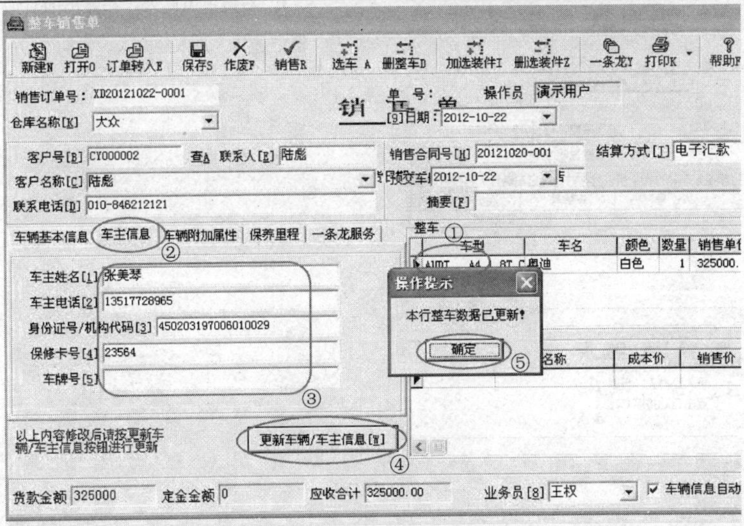

1．单击第一行车辆信息

2．单击“车主信息”

3．在切换后的页面中输入车主信息

4．检查无误，单击“更新车辆/车主信息信”按钮提示本行整车数据已更新

5．单击“确定”按钮

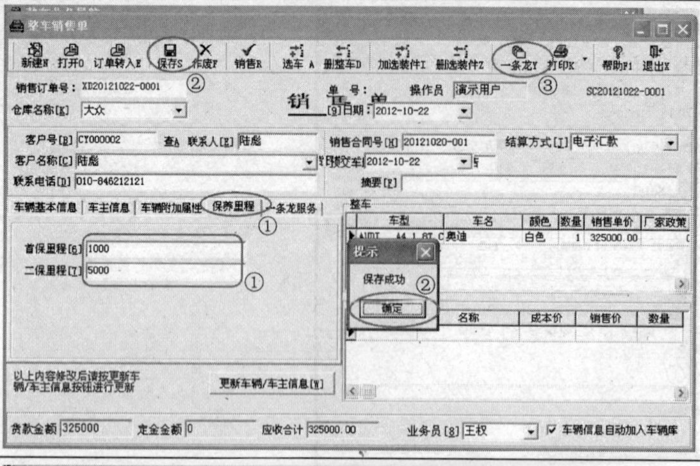

1．单击“保养里程”，输入首保、二保里程信息

2．检查无误，单击“确定”按钮保存，生成整车销售单号。提示保存成功

3．单击“一条龙”进入一条龙服务界面。（必须先保存销售单，然后才能进行一条龙的美容装饰操作）

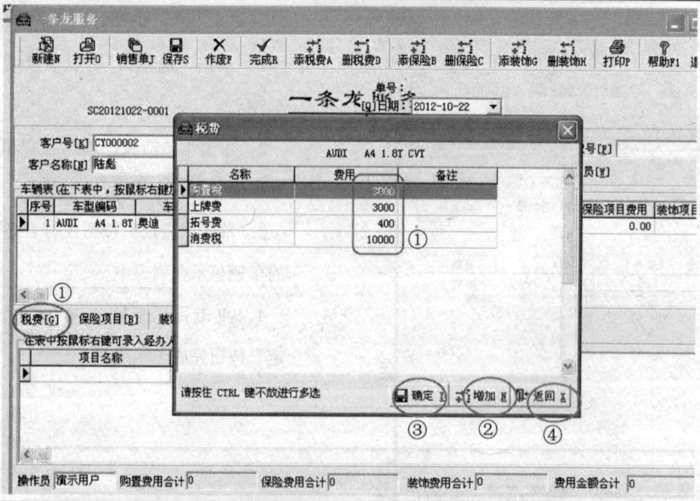

1．单击“税费”，在弹出的对话框中的费用栏输入金额

2．单击“增加”按钮可以增加新的税种

3．如不需要增加新税种，检查无误单击“确定”按钮，完成税费的录入

4．单击“返回”按钮，返回一条龙操作界面

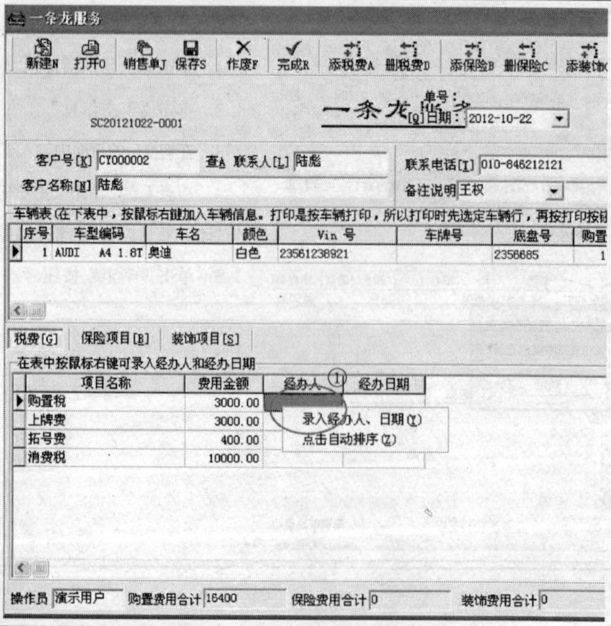

1．右键单击此处，在弹出的对话框中选择“录入经办人、日期”

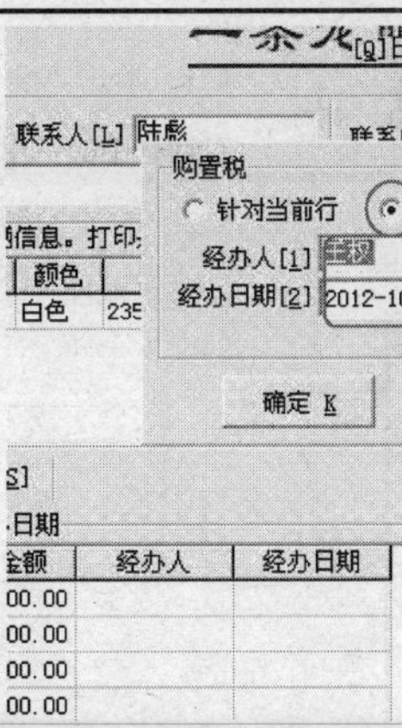

1. 单击“针对所有行”，可以对四个税费的经办人和日期进行批量录入

2. 单击下箭头选择经办人和经办日期

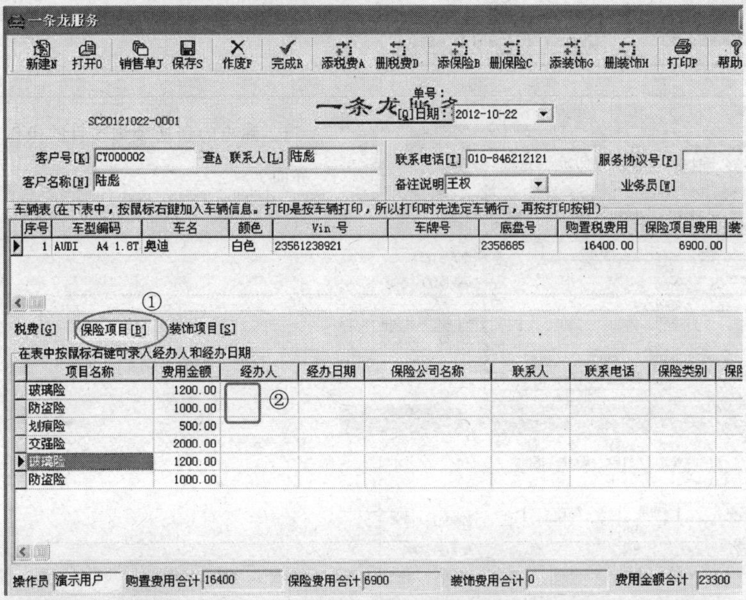

1. 单击“保险项目”

2. 右键单击此处，在弹出的对话框中选择“录入经办人、日期”

3. 在弹出的对话框中单击“针对所有行”，可以对所有保险项目的经办人和日期进行批量录入

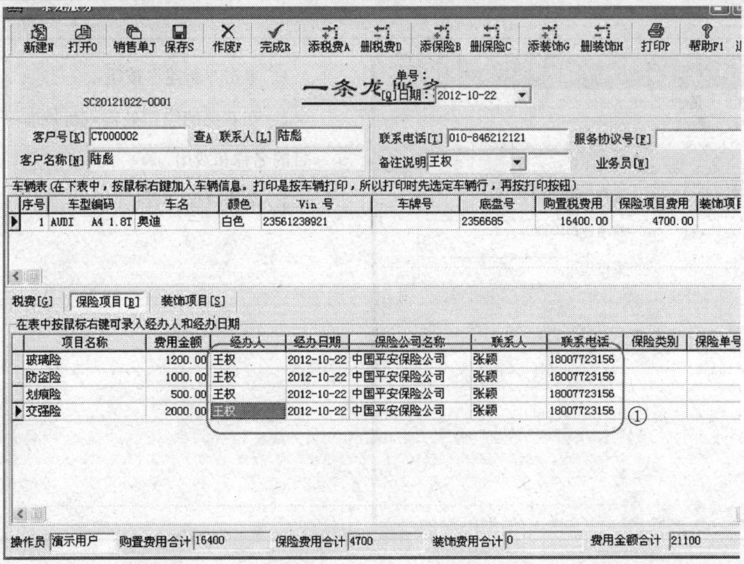

1. 录入经办人和日期

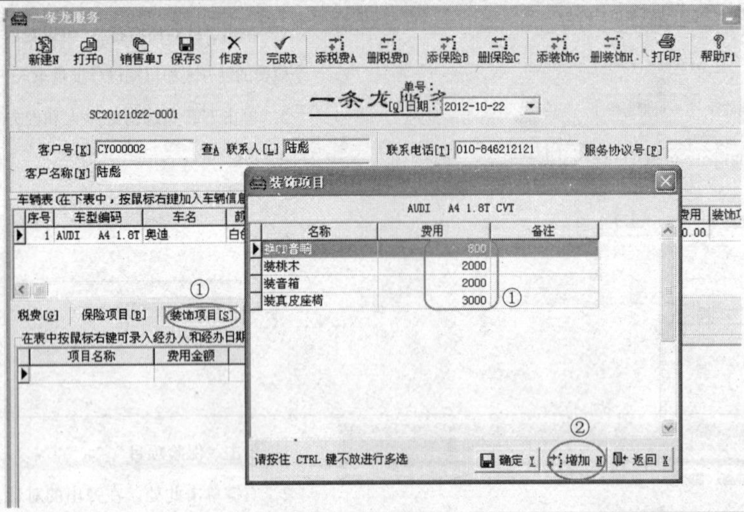

1．单击“装饰项目”，在弹出的对话框中的费用栏输入金额

2．单击“增加”按钮可以增加新的美容项目

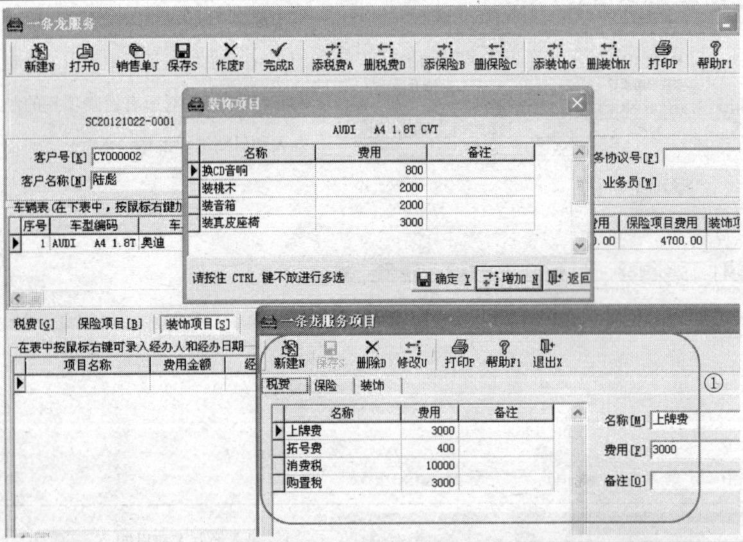

1．弹出的新增装饰项目的操作界面

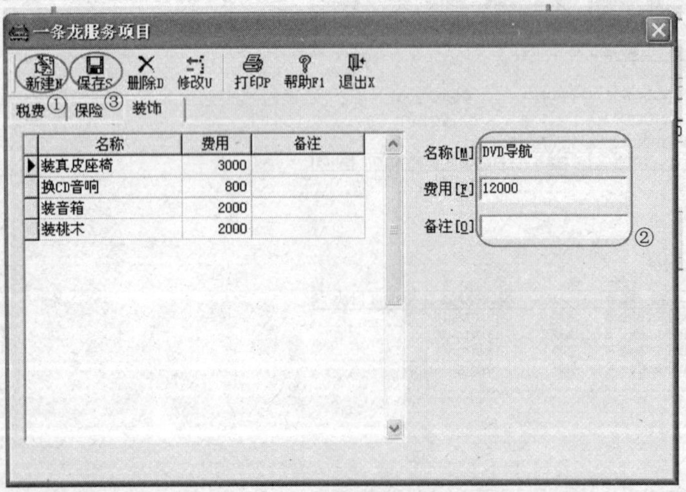

1．单击“新建”按钮

2．在右侧的空白处输入新装饰项目的名称和费用

3．单击“保存”按钮

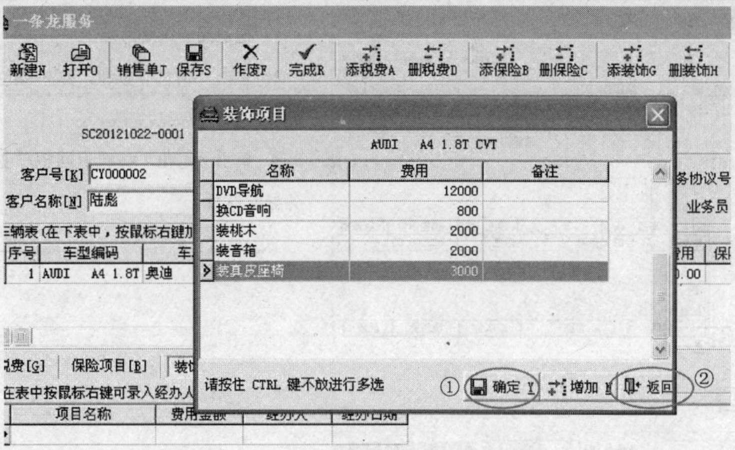

1．如不需新增美容项目，则单击“确定”按钮，完成装饰项目的录入

2．单击“返回”按钮，返回一条龙界面

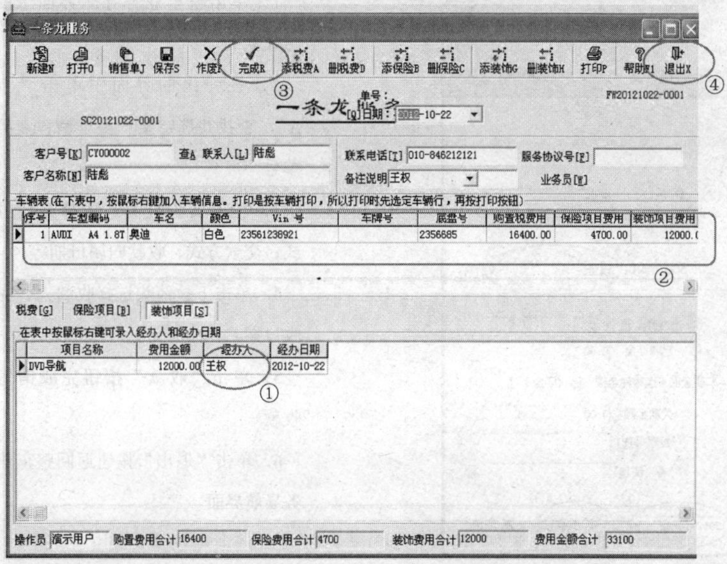

1．右键单击此处录入装饰项目的经办人和日期

2．此栏显示了该车的税费、保险费、装饰费等内容

3．单击“完成”按钮，完成一条龙操作

4．单击“退出”，返回整车销售单界面

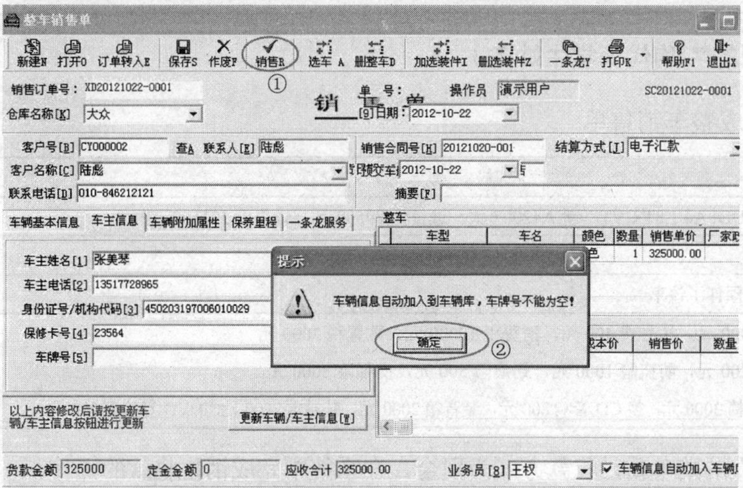

1．单击“销售”，提示车牌号不能为空

2．单击“确定”按钮

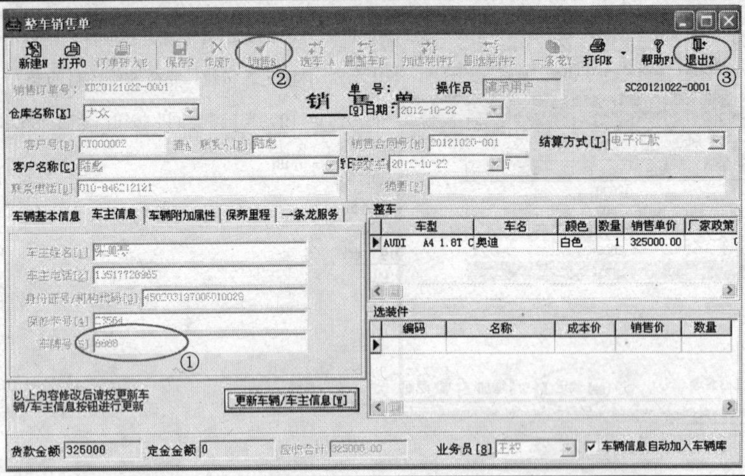

1．把遗漏的车牌号填上

2．单击“销售”按钮，菜单颜色变灰，销售单成功完成。

3．单击“退出”按钮返回整车业务导航界面

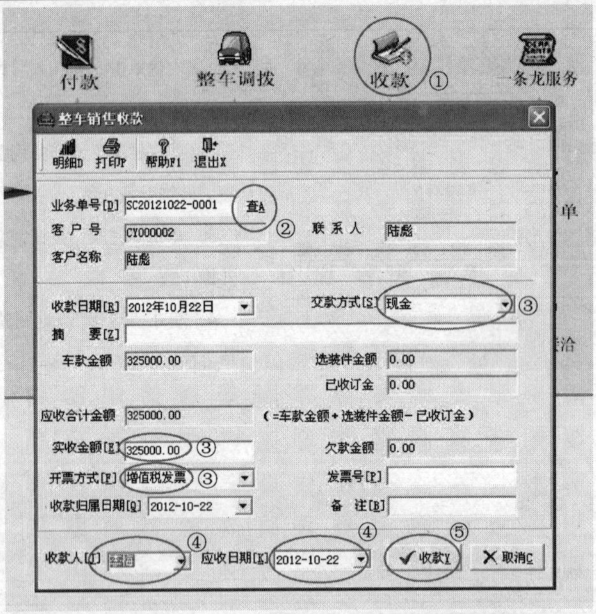

1．单击整车业务导航界面上的“收款”

2．在弹出的界面中单击“查A”，查找并选定某一整车销售业务单号

3．输入实收金额、选择开票方式、交款方式、收款归属日期等

4．单击下拉箭头选择收款人、应收日期

5．单击“收款”按钮完成销售收款

6．单击“退出”按钮返回整车业务导航界面

附：实训练习（文中出现的*均代表学生姓名）**

练习 1：根据下表信息完成整车销售单

买车客户	陆彪
购买车型	奥迪，车型代码为 AUDI A4 1.8T CVT　新 A42007 款，进货价 29500 元，销售价 321500，白色
销售员	***
情景	该客户 8 天前在店里预订了该车
一条龙项目	（1）税费：上牌费 3000 元，拓号费 400 元，消费税 10000 元，购置税 3000 元 （2）保险：玻璃险 1200 元，防盗险 1000 元，划痕险 500 元，交强险 2000 元， （3）装饰项：　真皮座椅 3000 元，换 CD 音响 800 元，装音箱 2000 元，装桃木 2000 元，DVD 导航 12000 元

练习 2：收取客户“陆彪”的购车款，收款方式为现金，在系统中完成销售收款的操作。

项目四

维修业务

任务1 维修接待

工作情景描述

2012-10-14 上午，客户“友谊旅游公司”的代表张璞玉驾驶公司的车辆来到某汽车 4S 店，维修顾问孙军接待了张璞玉。张璞玉称车辆较长时间没做保养，想换机油滤清器。另外行驶时燃油指示表严重误差。孙军根据客户的描述对车辆作了初步的检查和诊断，随后根据车辆的故障现象、需进行的维修项目、需更换的配件等事项与张璞玉进行沟通，张璞玉同意按维修顾问孙军的建议进行维修。孙军将该车相关信息和需要进行的维修项目以及其他附加信息登记在系统平台。

学习目标

能够完成维修车辆信息、维修项目、维修用料及外观检查等信息的登记操作。能够查找出相应的接待工单。能够识别工单的状态。

设备器材

1. 计算机若干台
2. 客户身份证或驾驶证一张、车辆行驶证一张、环车检查单一张、签字笔一支
3. 实训车一辆

系统平台

大型厂联网练习

教学组织建议

一名学生扮演接待员孙军，一名学生扮演客户友谊旅游公司的代表张璞玉，模拟工作情景中描述接待过程。其余学生观察并对故障进行诊断，把相关信息记录在系统平台。

任务实施

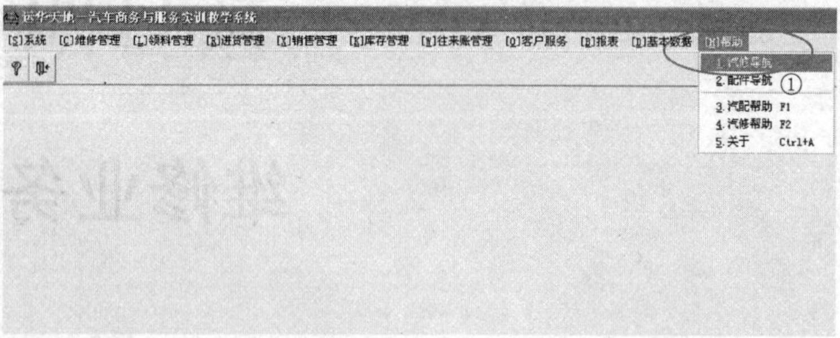

1．单击“帮助”，选择“汽修导航”

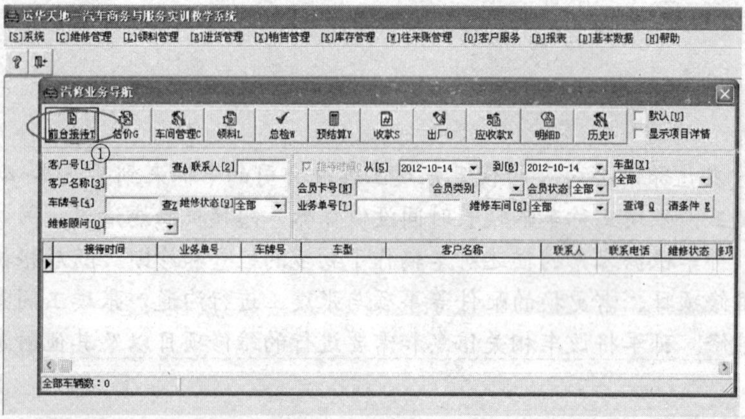

1．单击“前台接待”，进入前台接待工单登记界面

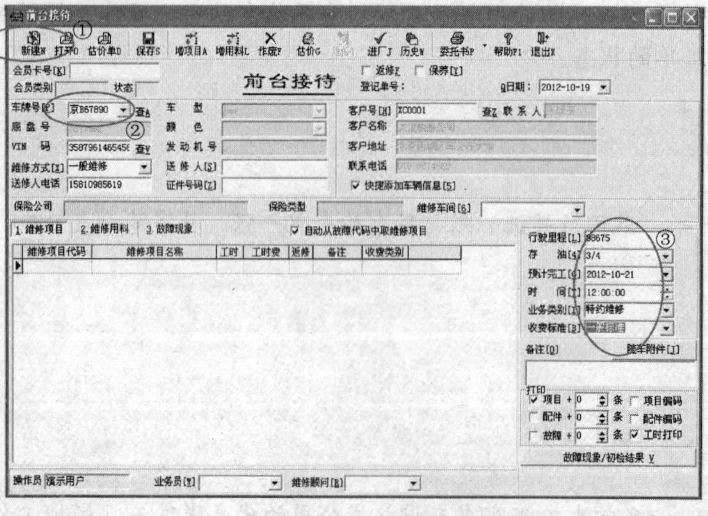

1．单击“新建”，建立一张新的维修接待工单

2．输入来维修的车辆牌号，按回车键。如提示无该车或不记得车牌号，单击“查 A”输入客户名称查询指定的车辆。如车牌号不存在，则需新增车辆

3．单击下接箭头，选择维修方式，例如“一般维修”。选择维修车间、填写存油量、预计完工时间、业务类别、收费标准、随车附件

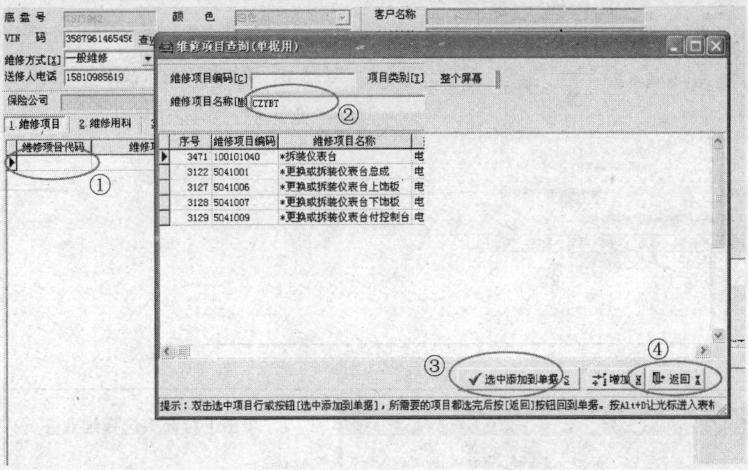

1. 双击空白处进入维修项目查询界面

2. 通过维修项目名称来查询维修项目，也可以通过拼音简码查询。例如想查询维修项目“拆装仪表台”则输入“CZYBT”。还可以通过项目编码查询维修项目

3. 双击想要的维修项目，完成选择。或者单击想要的配件，再单击“选中添加到单据”按钮

4. 继续选择指定的维修项目，选择完毕单击“返回”按钮前台接待界面

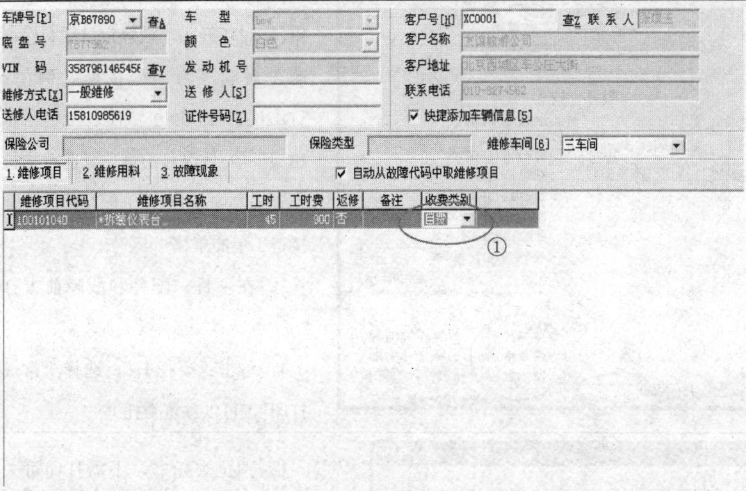

1. 选择维修收费类别

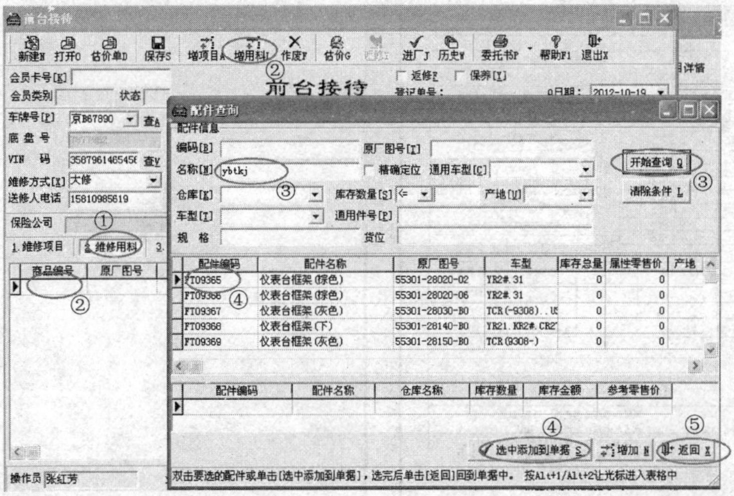

1. 单击“维修用料”

2. 双击空白处或右键增用料，进入维修用料查询界面

3. 输入配件名称查询配件。也可以输入配件简码查询。例如查询“仪表台框架”则输入“ybtkj”。还可以通过配件编码查询配件

4. 双击想要的配件，完成选择。或者选定想要的配件，单击“选中添加到单据”按钮

5. 继续选择想要的配件，选完后单击“返回”按钮，回到前台接待界面

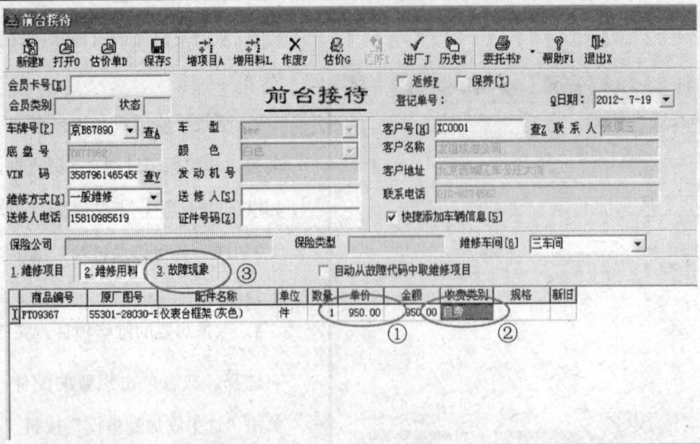

1．输入配件数量

2．选择收费类别

3．可视情况记录故障现象，单击此处进行故障记录界面

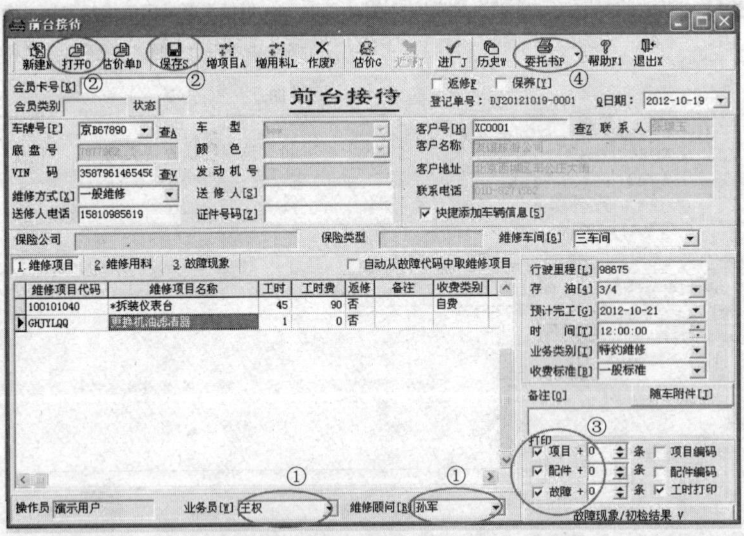

1．单击下拉箭头选择维业务员、修顾问

2．单击“保存”，生成登记单草稿，以DJ开头，按登记日期和保存的先后顺序为编号依据。例如：“DJ20121019-0001”代表2012年10月19日保存的第一张前台接待登记工单。单击“打开”可以打开接待工单的草稿

3．在项目、配件和故障前方打“√”

4．单击“委托书”，选择“常规打印”，可以预览委托书

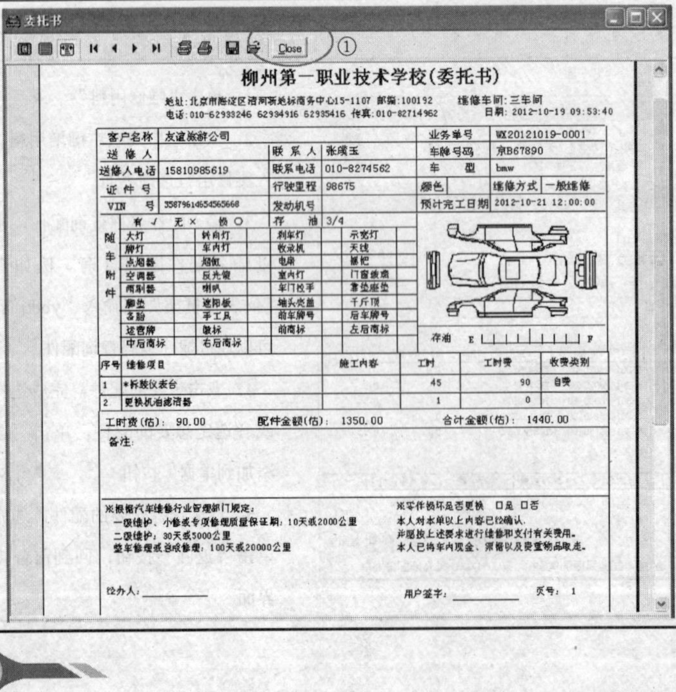

1．预览委托书，不需打印可关闭，退出

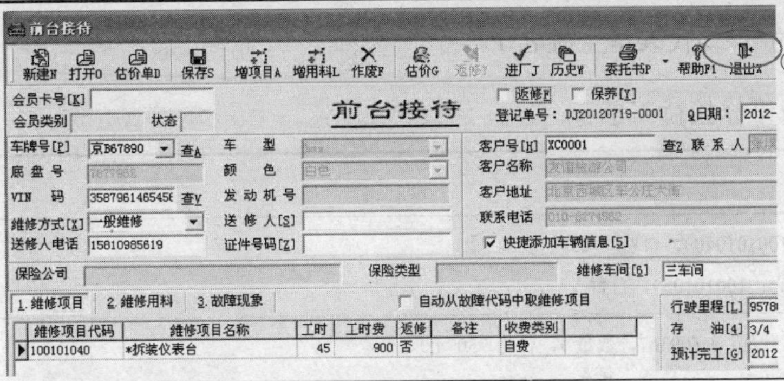

1．保存后，单击“退出”可退出前台接待记录状态

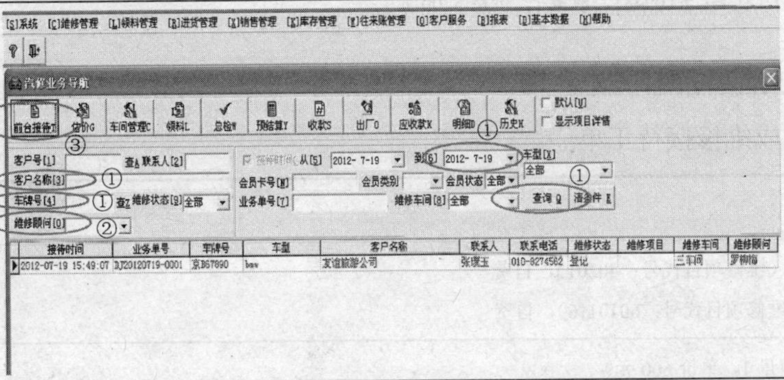

1．选择日期，单击“查询”找到指定的登记工单，也可以通过客户名称、车牌号、维修顾问等其他条件进行单一或组合查询指定的登记工单

2．单击想要的登记工单

3．单击“前台接待”，可再次回到前台接待记录界面进行编辑

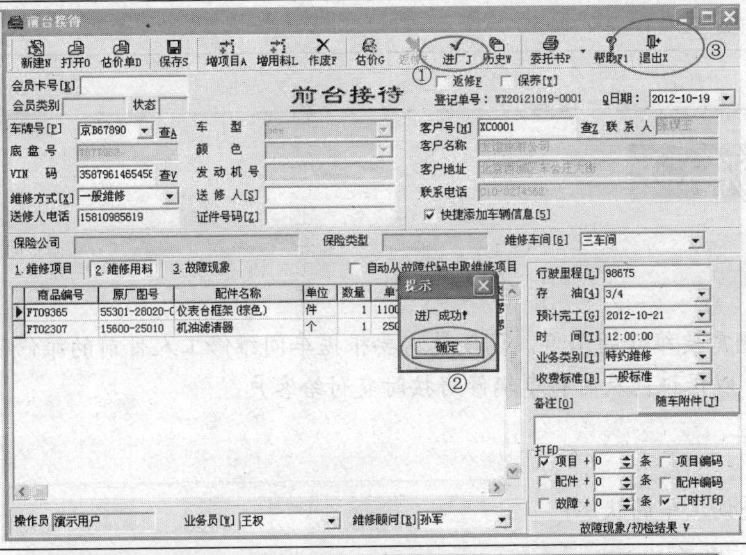

1．检查前台接待记录无误，单击“进厂”，登记记录保存为以“WX”开头的维修工单，以登记日期按顺序编号

2．提示进厂成功后，单击“确定”按钮

3．单击“退出”结束登记状态，返回维修业务导航界面

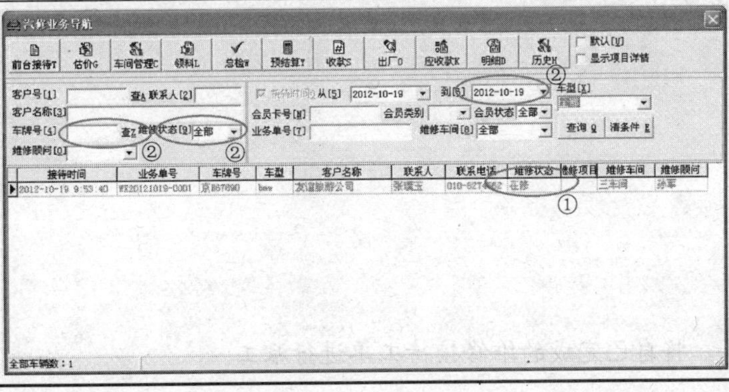

1．进厂后的车辆状态由“登记”状态变为“在修”状态

2．可通过时间、车牌号或维修状态等条件进行单一或组合查询特定的工单

附：实训练习（文中出现的*均代表学生姓名）**

练习 1：根据下表信息完成维修接待工单

客户	新东方教育中心
维修项目	拆装仪表台（代码：100101040），自费 更换仪表盘总成（代码：10010105），自费
维修用料	仪表台框架（灰色）（代码：FT09367，数量 1，价格 950 元） 仪表台下饰板（中）（代码：FT09481，数量 1，价格 5200 元）
采购员	***

练习 2：根据下表信息完成维修接待工单

客户	友谊旅游公司
维修项目	更换离合器三件套（维修项目代号：40201），自费 修左前刹车分泵（维修项目代号：6010116），自费
维修用料	***轴头离合器（数量 1，单价 600 元） ***前刹车分泵修理包（数量 1，单价 600 元）
采购员	***

任务 2　车间管理（派工）

工作情景描述

前台接待已经接了好几辆需要维修的工单，调度员需要根据车间维修工人目前的维修任务及繁忙程度进行合理派工，以保证能及时将车辆修好按时交付给客户。

学习目标

能正确完成派工单。会查询工单的状态。

设备器材

计算机若干台

系统平台

大型厂联网练习

教学组织建议

每位学生扮演维修顾客孙军，将自己完成的维修接待工单进行派工。

任务实施

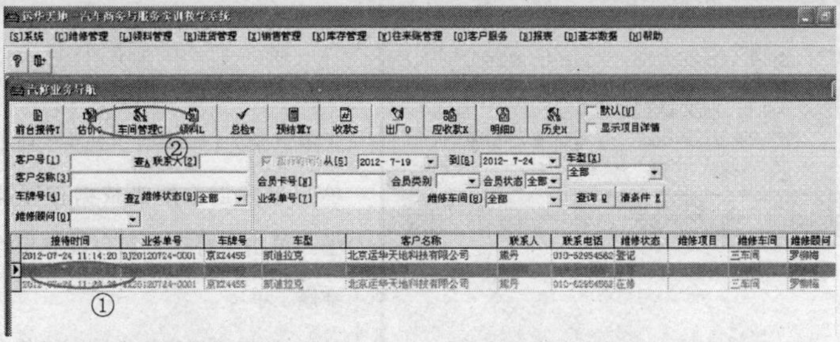

1．通过查询，选定要派工的维修记录单

2．单击“车间管理”，进入派工界面

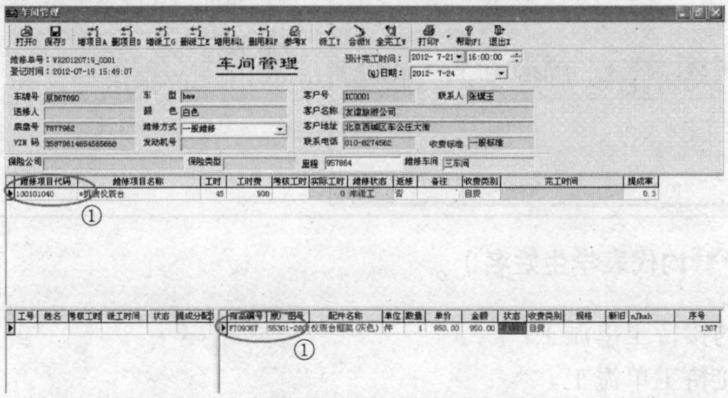

1．在该界面下，右键单击这两处可增维修项目、增维修用料。可对前台接待工单中遗漏的内容进行补充

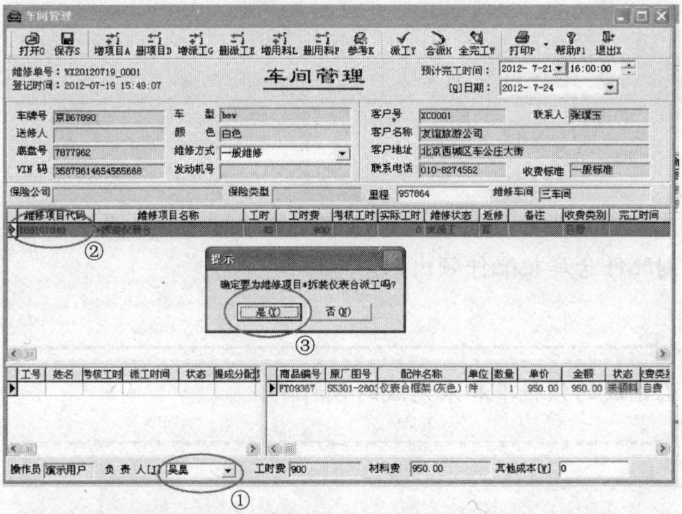

1．单击下拉箭头选择负责人

2．在项目名称处单击右键，选择“单项派工”

3．在弹出的提示对话框中选“是”按钮，进入派工界面

1．可通过“工号”“姓名”等关键字查询负责维修任务的员工

2．选定派给维修任务的员工，单击页面下方的“确定”，完成某个维修项目的派工

3．通过选择“闲”、“忙”等状态，可为员工同时分派两项以上维修任务

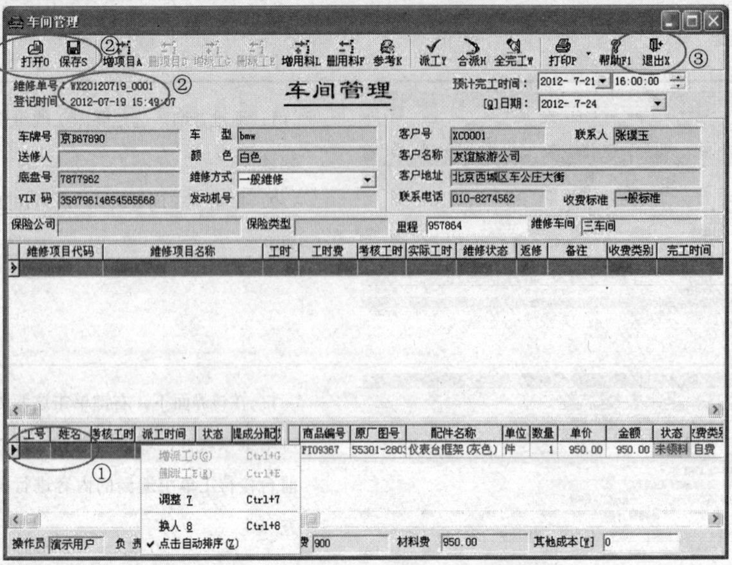

1．此处单击右键，可进一步完成换人、调整提成率和提成分配等操作

2．保存操作，完成派工。保存的工单记录为以“WX”开头的维修工单，以登记日期为依据按顺序编号。单击“打开”可以找到保存的维修工单

3．单击“退出”返回到汽修业务导航界面

附：实训练习（文中出现的*均代表学生姓名）**

练习 1：给新东方教育中心的接待工单派工。

练习 2：给友谊旅游公司的接待工单派工。

任务 3　维修领料

工作情景描述

维修工在维修过程中需要为车辆更换两个新的配件，他需要维修顾问孙军开一张维修领料单，然后维修工凭维修领料单到配件仓库把配件领出来。

学习目标

能正确完成领料单。会查询已完成的领料单和未完成的领料单。

设备器材

计算机若干台

系统平台

大型厂联网练习

教学组织建议

每位学生扮演领料员孙军，按派工单的领料项目进行领料。

任务实施

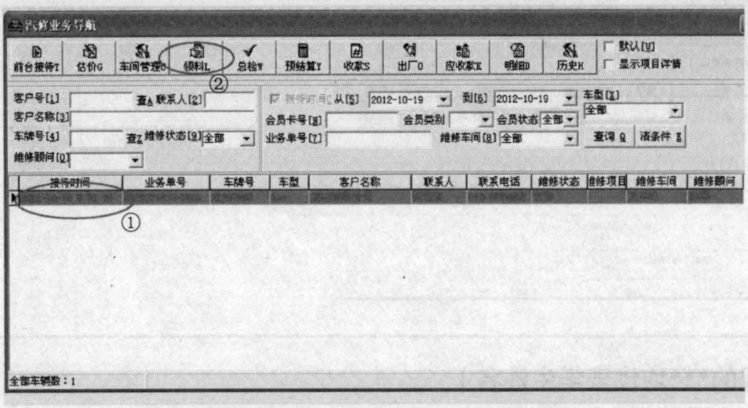

1. 单击要领料的维修记录单
2. 单击“领料”，进入领料界面

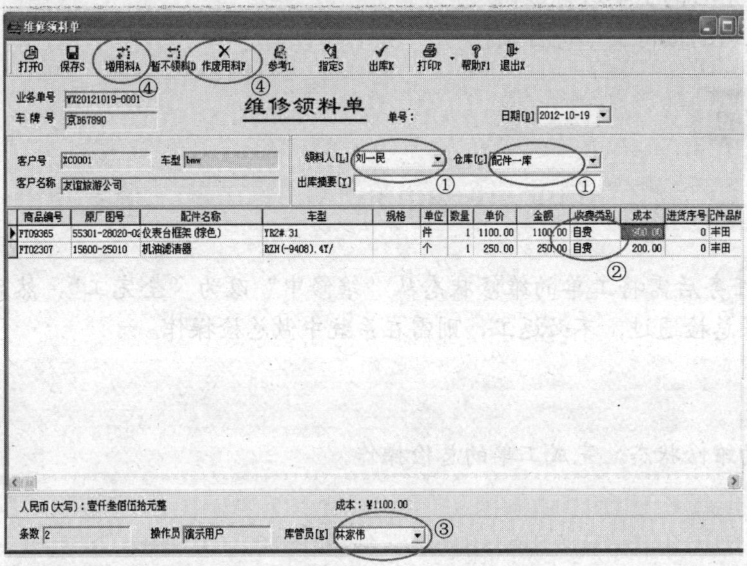

1. 选择领料人和出货仓库
2. 选择收费类型
3. 选择仓管员
4. 单击“增用料”或“暂不领料”可以修改用料情况。单击“作废用料”则把整张领料单作废

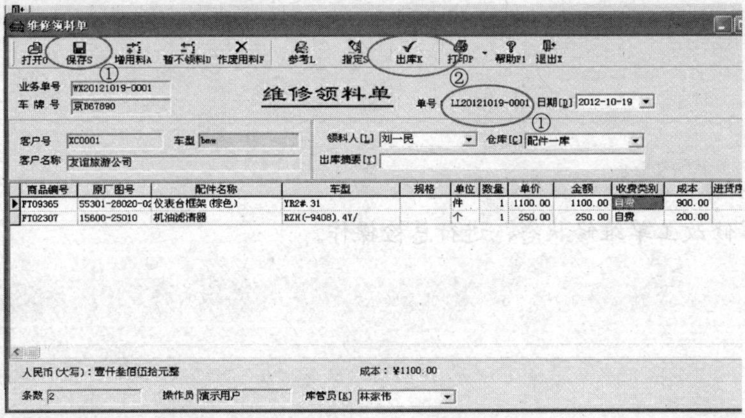

1. 单击“保存”，生成领料单号，按保存日期的先后顺序进行编号
2. 检查无误后，单击“出库”完成领料

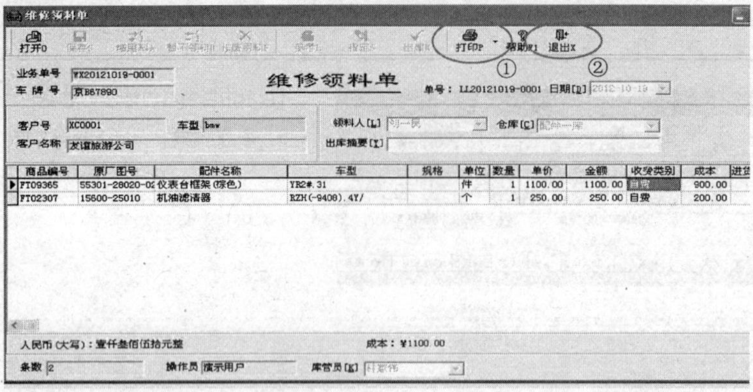

1．单击“打印”可打印出库单

2．单击“退出”返回维修业务导航界面

附：实训练习（文中出现的*均代表学生姓名）**

练习 1：按照新东方教育中心的工单进行领料

练习 2：按照友谊旅游公司的接待工单进行领料

任务 4　全完工和总检

工作情景描述

维修工孙军在完成维修任务后需将工单的维修状态从“维修中”改为“全完工”，然后将车交给车间主管总检，如果总检通过，不必返工，则需在系统中做总检操作。

学习目标

能够在系统中修改工单的维修状态，完成工单的总检操作。

设备器材

计算机若干台

系统平台

大型厂联网练习

教学组织建议

每位学生扮演维修工孙军修改工单维修状态，进行总检操作。

任务实施

（一）全完工

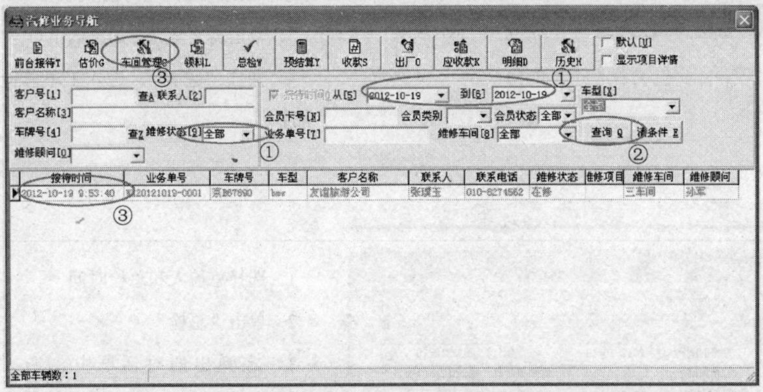

1．选择时间段，单击下拉箭头，选择维修状态“在修”

2．单击“查询”按钮，符合这两个条件的维修工单显示在列表

3．单击需要全完工的维修记录单，单击“车间管理”，进入派工界面

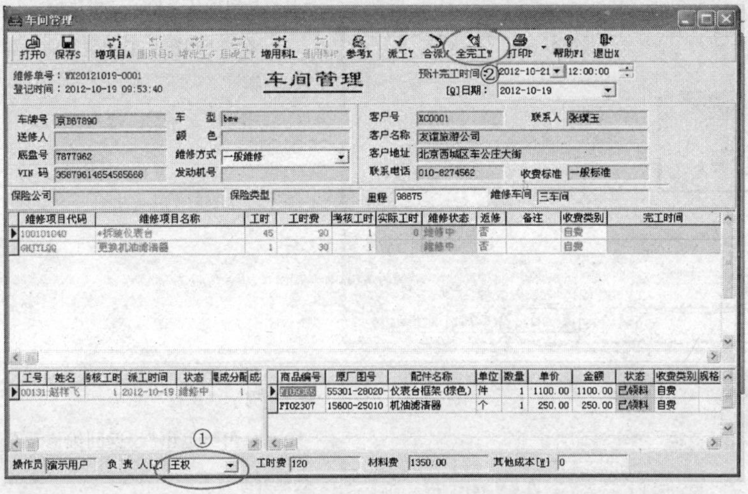

1．选择负责人

2．单击“全完工”按钮

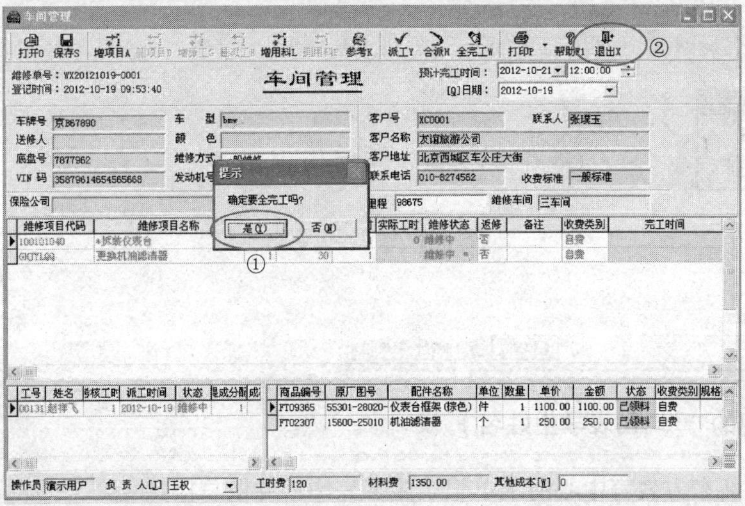

1．单击“是”按钮，确认全完工，结束工单的维修状态

2．单击“退出”按钮，返回维修业务导航界面

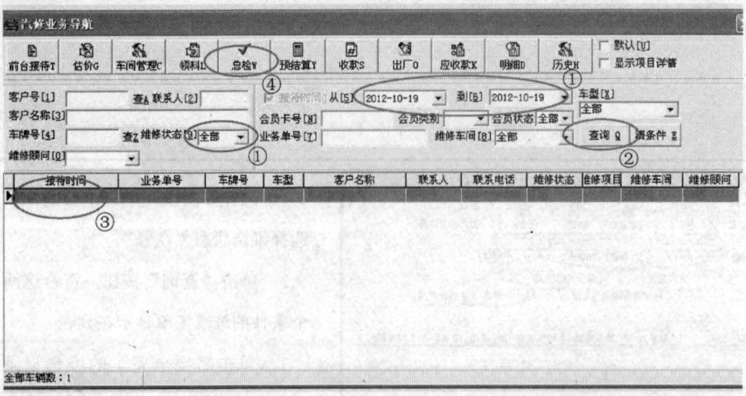

1．选择时间段，单击下拉箭头，选择维修状态“完工”

2．单击“查询”按钮，符合这两个条件的维修工单显示在列表中

3．单击需要全完工的维修工单

4．单击“总检”，进入工单总检界面

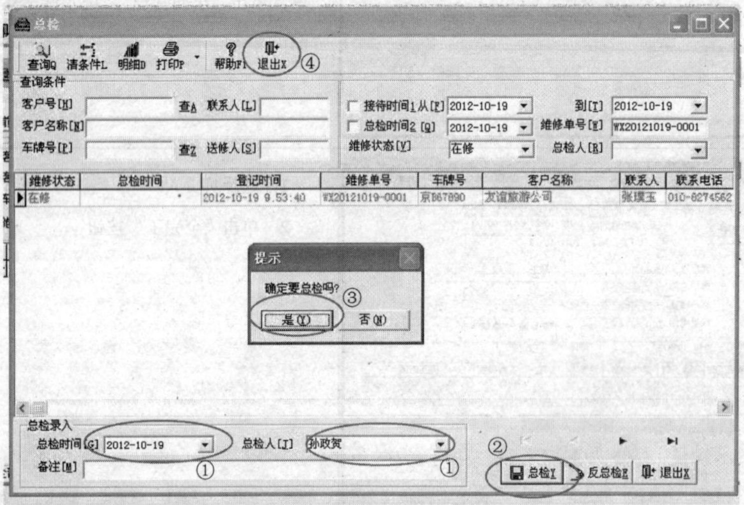

1．选择总检人和总检时间

2．单击“总检”

3．在弹出的对话框中，选择“是”按钮确认总检，完成总检

4．单击“退出”返回维修业务导航界面

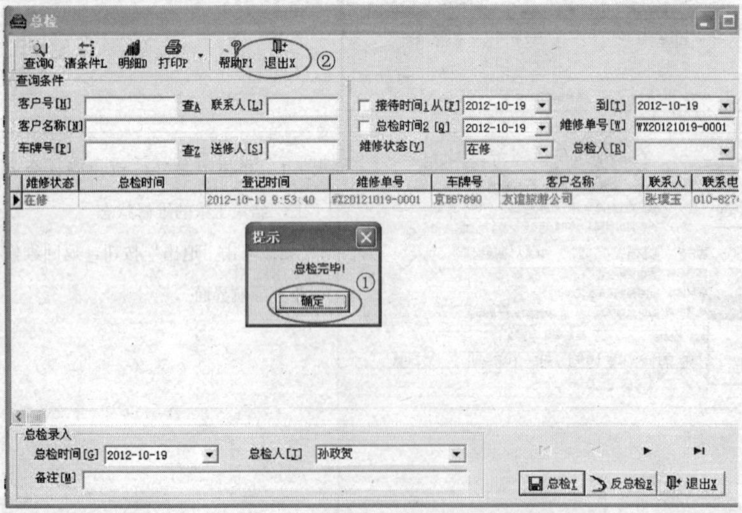

1．提示“总检”完毕

2．单击“退出”，返回维修业务导航界面

附：实训练习（文中出现的***均代表学生姓名）

练习 1：维修工已经按照新东方教育中心的工单记录施工完毕，并做总检。

练习 2：维修工已经按照友谊旅游公司的工单记录施工完毕，并做总检。

任务5 预结算

工作情景描述

车辆经过总检并且维修车间主管签字后，维修工将已完工的维修工单交回给维修顾问孙军，孙军则需对工单所产生的配件费和工时费等费用进行预结算。并向顾客解释预结算单中的各项内容。

学习目标

能够在系统平台中对维修工单进行预结算

设备器材

计算机若干台

系统平台

大型厂联网练习

教学组织建议

每位学生扮演维修顾问孙军，通过系统平台对维修工单进行预结算。

任务实施

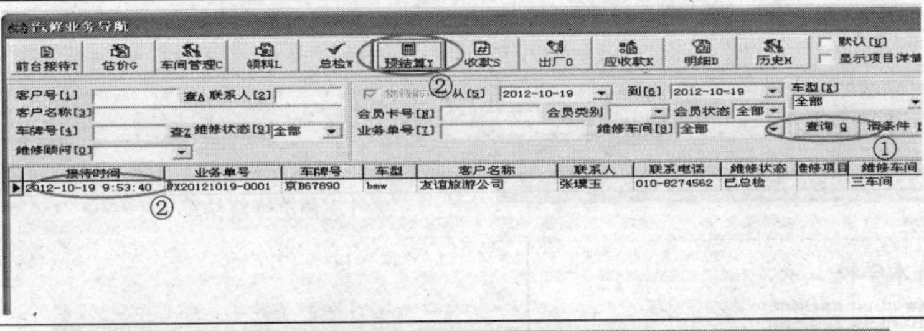

1. 按前述方法查询已总检的工单

2. 选择需要预结算的维修工单，单击导航菜单中的“预结算”，进入预结算界面

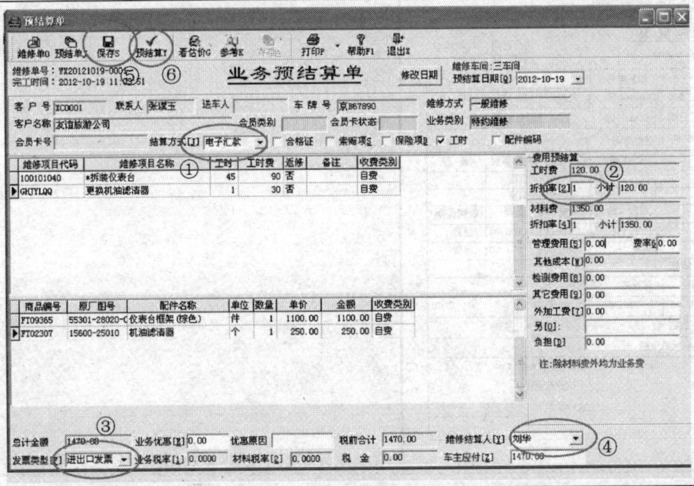

1. 选择结算方式

2. 修改折扣权率

3. 选择发票类型

4. 选择结算人

5. 单击“保存”，产生预结算单号

6. 检查无误后，单击“预结算”

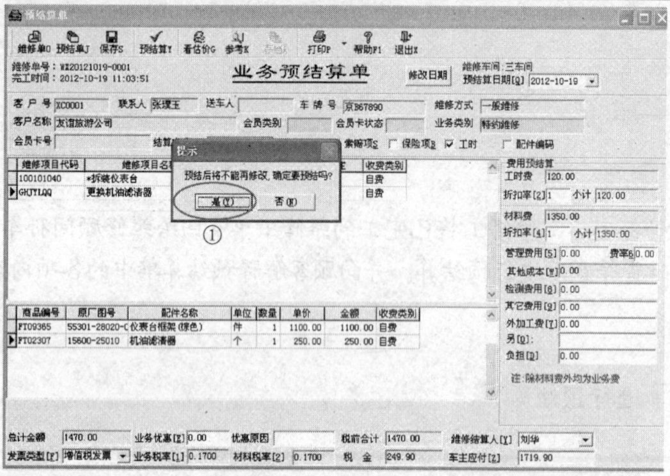

1. 在弹出的对话框中选“是”按钮

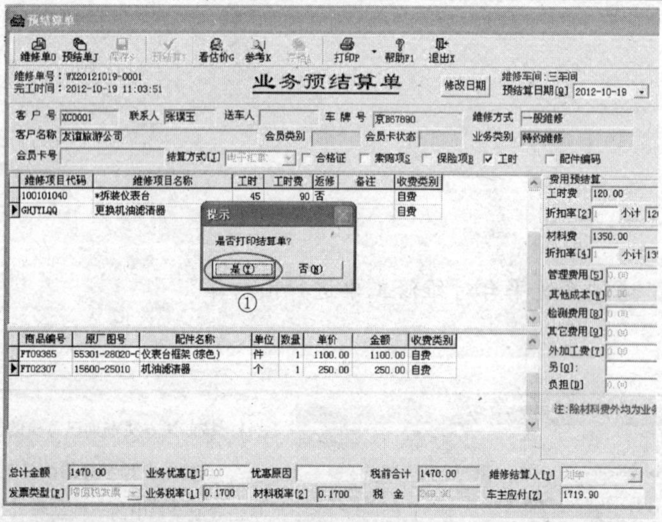

1. 在弹出的对话框中选“是”按钮，可以预览维修结算单

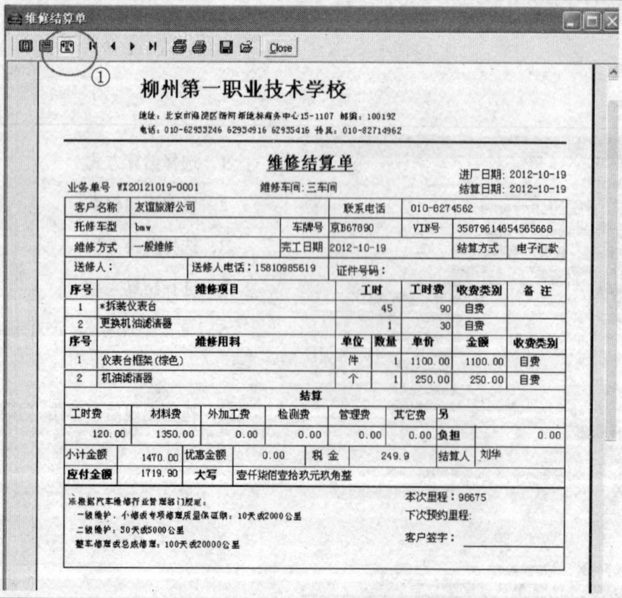

客户名称	友谊旅游公司		联系电话	010-6274562		
托修车型	bmw	车牌号	京B67890	VIN号	35879614654565668	
维修方式	一般维修	完工日期	2012-10-19	结算方式	电子汇款	
送修人：	送修人电话：15810985619		证件号码：			

序号	维修项目	工时	工时费	收费类别	备注
1	*拆装仪表台	45	90	自费	
2	更换机油滤清器	1	30	自费	

序号	维修用料	单位	数量	单价	金额	收费类别
1	仪表台框架(棕色)	件	1	1100.00	1100.00	自费
2	机油滤清器	个	1	250.00	250.00	自费

结算

工时费	材料费	外加工费	检测费	管理费	其它费	另	
120.00	1350.00	0.00	0.00	0.00	0.00	负担	0.00

小计金额	1470.00	优惠金额	0.00	税金	249.9	结算人	刘华
应付金额	1719.90	大写	壹仟柒佰壹拾玖元玖角整				

本次里程：98675
下次预约里程：
客户签字：

1. 预览维修结算单

附：实训练习（文中出现的*均代表学生姓名）**

练习 1：维修工已经按照新东方教育中心的工单记录施工完毕，并做预结算。

练习 2：维修工已经按照友谊旅游公司的工单记录施工完毕，并做预结算。

任务 6 收款和出厂

工作情景描述

维修顾问孙军预结算完后，通知客户到店核对结算单，客户核对无误在结算单上签字后，引导客户到财务部结清修车费用。同时与客户预约下一次的维修保养时间。

学习目标

能够对系统中已结算完毕的车辆登记收款记录并做出厂操作。

设备器材

计算机若干台

系统平台

大型厂联网练习

教学组织建议

每位学生扮演维修顾问孙军，在系统中对结算完毕的车辆进行登记收款记录和出厂操作。

任务实施

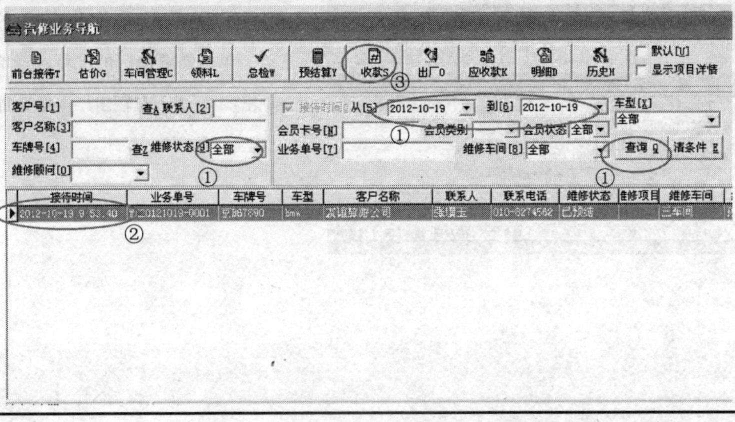

1．按前述方法，根据时间或维修状态查询要收款的工单

2．单击要收款的工单

3．单击“收款”按钮

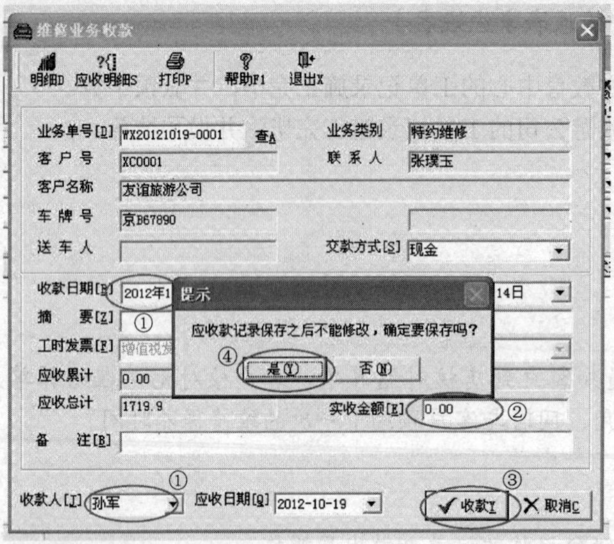

1．选择收款方式、收款日期、收款人

2．填写实收金额

3．单击“收款”按钮

4．在弹出的对话框中单击“是”按钮

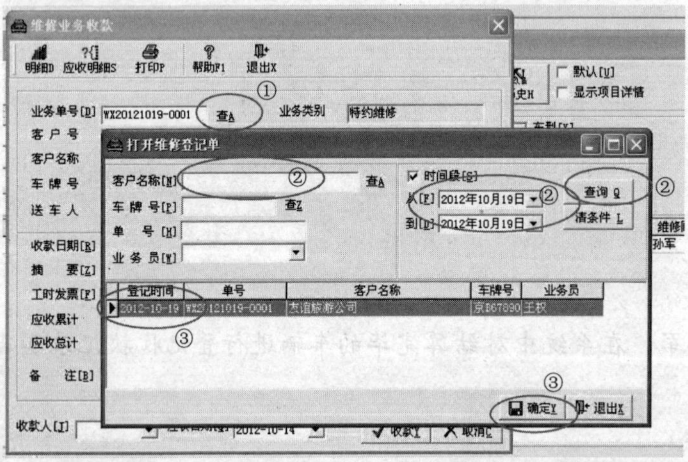

1．如果需继续收款，在“维修业务收款”界面，单击“查 A”，查询需要收款的工单

2．可以通过日期或其他查询条件找到需要收款的工单

3．单击要收款的工单，单击“确定”按钮，回到收款界面

4．按上述方法完成收款

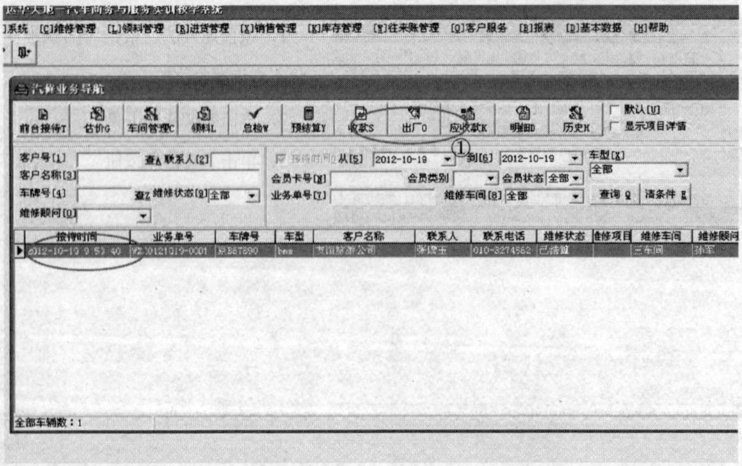

1．按前述方法，查询出要出厂的工单，单击需要出厂的工单，再单击“出厂”，进入车辆出厂操作界面

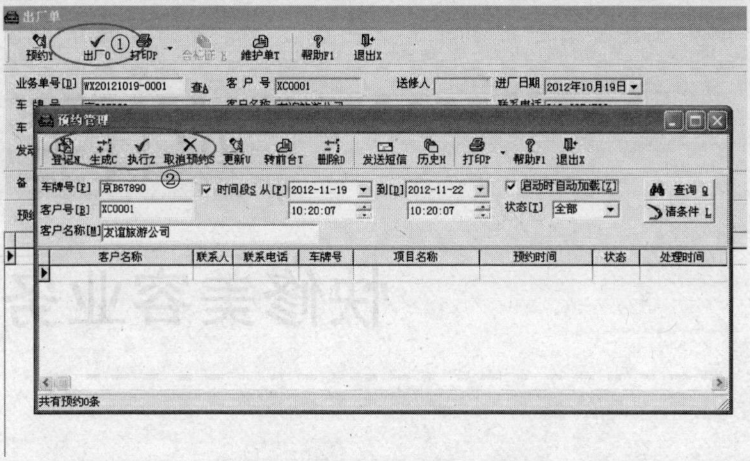

1．检查无误，单击“出厂”完成车辆出厂

2．在弹出的预约管理窗口中，可进行预约的登记、生成、执行等。

附：实训练习（文中出现的*均代表学生姓名）**

练习 1：客户新东方教育中心的预结算单进行结算收款，并出厂。

练习 2：客户友谊旅游公司的预结算单进行结算收款，并出厂。

练习 3（综合练习）已知信息如下，请完成从维修接待登记到出厂的全部流程。题目没给的信息，如是保存需要必填的则自行编写。

客户：公安部，京 A2345。

维修项目：更换离合器三件套（维修项目代号：40201）

修左前刹车分泵（维修项目代号：6010116）

更换配件：***轴头离合器（数量 1，单价 600 元）

***前刹车分泵修理包（数量 1，单价 600 元）

练习 4：查询出自己完成的所有状态工单和已经出厂的工单。

项目五

快修美容业务

任务1 快修美容

工作情景描述

某客户今天到某汽车美容店提出要给他的车子做一个小的维修项目和局部喷漆，并且表示想尽快拿回车子，主管孙军在确定维修项目和喷漆部位后决定通过快修美容通道完成项目尽快交车给客户。

学习目标

能够熟练完成及查询快修美容单。

设备器材

计算机若干台

系统平台

快修美容联网练习

教学组织建议

每位学生扮演主管孙军，完成快修美容工单。

任务实施

（一）新建快修美容单

1．单击“快修美容”，选择“快修美容单”

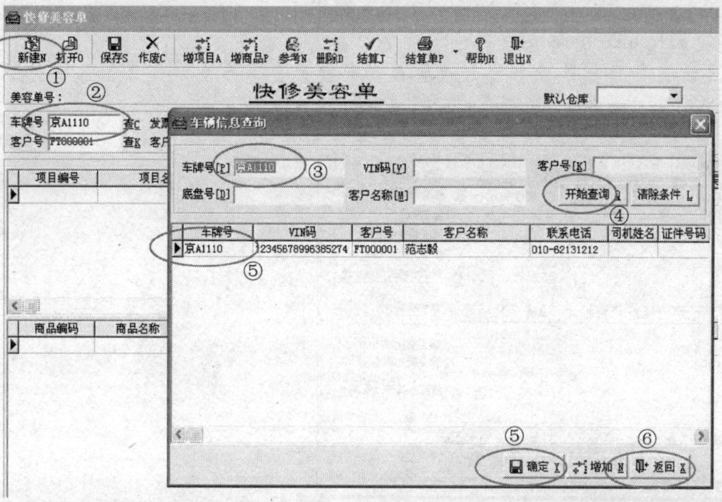

1．单击“新建”

2．输入车牌号（只输数字）按回车键。如提示该车或不记得车牌号，则单击“查 C”查找车辆

3．在弹出的对话框中输入车牌号

4．单击“开始查询”

5．单击目标车辆，单击“确定”按钮，完成车辆选择

6．单击“返回”按钮，返回主界面

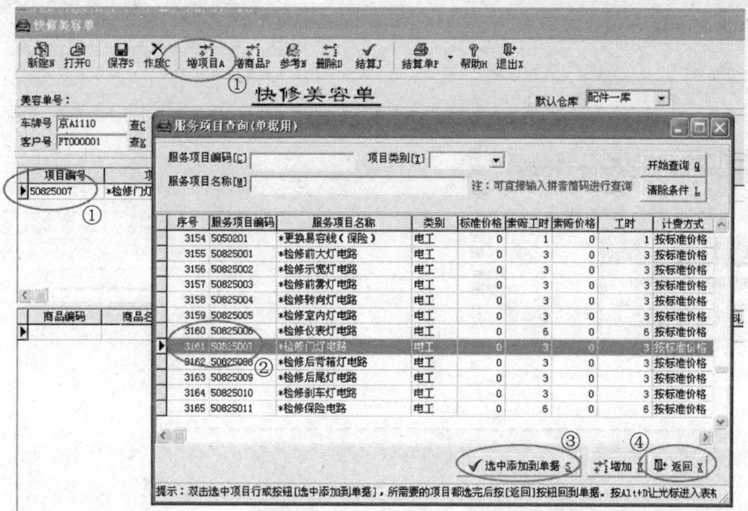

1．双击此处或单击“增项目”来添加快修项目

2．单击目标快修项目

3．单击“选中添加到单据”按钮，完成快修项目选择

4．单击“返回”按钮，返回快修美容单界面

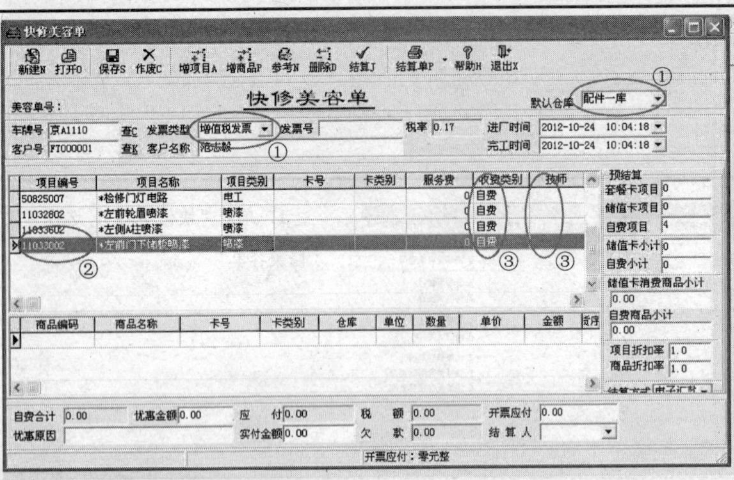

1．单击下拉箭头选择发票类型、选择配件仓库

2．删除多选的维修项目：右键单击项目编号，选择“删项目”完成删除

3．选择收费类别和技师

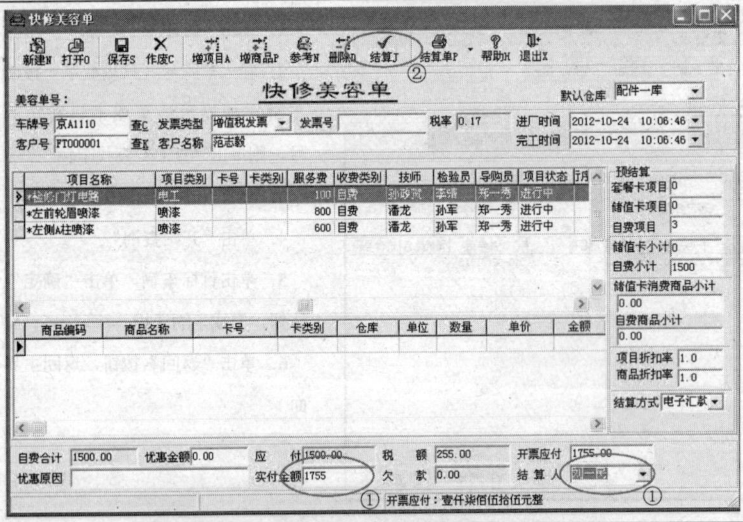

1．填写实付金额，选择结算人

2．检查无误后单击“结算”

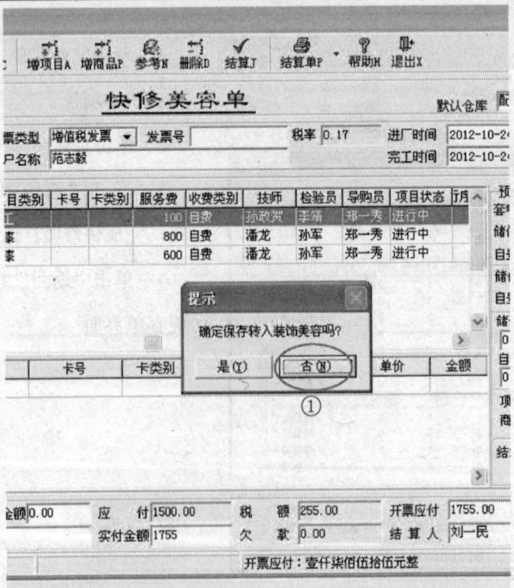

1．在弹出的对话框中选择“否”按钮

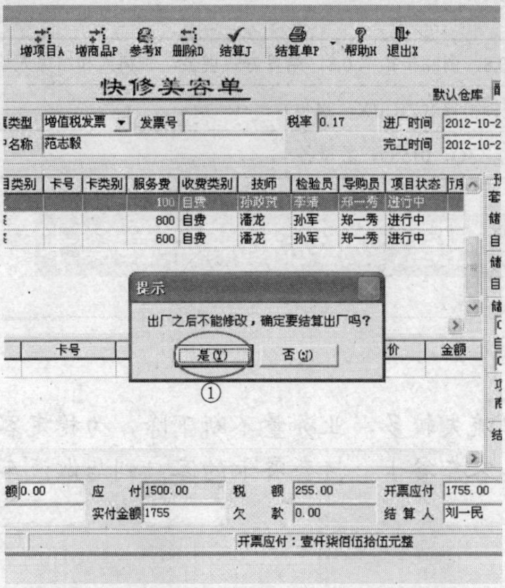

1．在弹出的对话框中选择“是”按钮

（二）查询快修美容单

1．单击“快修美容”

2．单击“快修美容单查询”

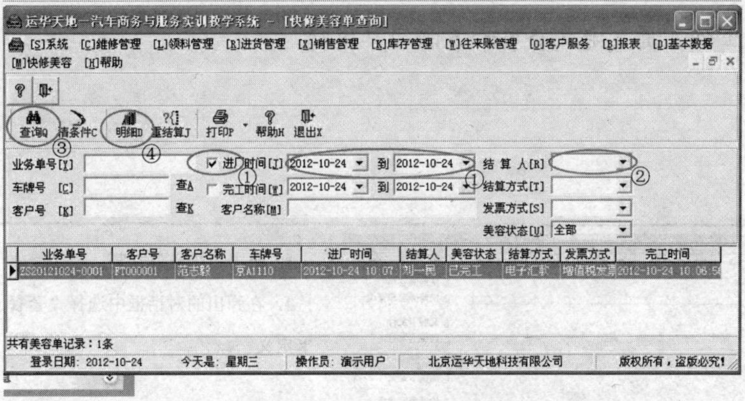

1．此处打勾，选择快修美容的施工时间

2．选择结算人

3．单击“查询”，符合条件的快修工单显示在列表

4．单击“明细”可以看到快修美容单的内容

附：实训练习（文中出现的***均代表学生姓名）

根据下表信息完成快修美容单，并查询快修美容工单

客户	车牌号：京 A2345
商品	别克，2.4AT，数量 1，进价 195000 元 奥迪，新 A6L　2008 款，数量 1，进价 449000 元

续表

其他信息	配件一库，普通发票，项目折扣率 0.8，商品折扣率 0.8，结算方式现金，领料人和结算人均为***，
维修项目	右前门喷漆（YQMPQ，3611）中控锁检修（ZKSJX，2444）
维修用料	中控锁（ZKS，FT15746），珍珠漆（ZZQ，0158），数量各 1。

任务 2　定义、查询、发行、充值、冻结和解禁套餐卡

工作情景描述

某汽车美容店经理孙军发现最近客户流失较多，业务量不断下降，为稳定客源，并吸引更多客户，他决定向客户推荐一种汽车美容套餐卡，持套餐卡的客户到店做汽车美容项目时可以享受适当的优惠或折扣。

学习目标

能够熟练定义和发行套餐卡，并能在客户离店时通过套餐卡而非现金的方式结账。

设备器材

计算机若干台

系统平台

快修美容联网练习

教学组织建议

每位学生扮演汽车美容店工作人员，定义套餐卡并向客户发行。

任务实施

（一）定义套餐卡品种

1．单击“快修美容”

2．在弹出的对话框中选择“套餐卡定义”

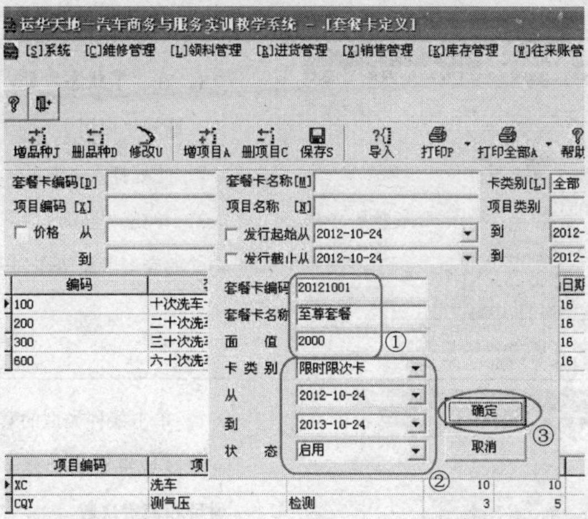

1．在弹出的对话框中编码处输入套餐卡的编码、名称、面值（注意：套餐卡编码必须保持唯一性，是以后查询的依据之一）

2．单击下拉菜单，选择卡类别、有限时间、状态

3．检查无误，单击“确定”按钮

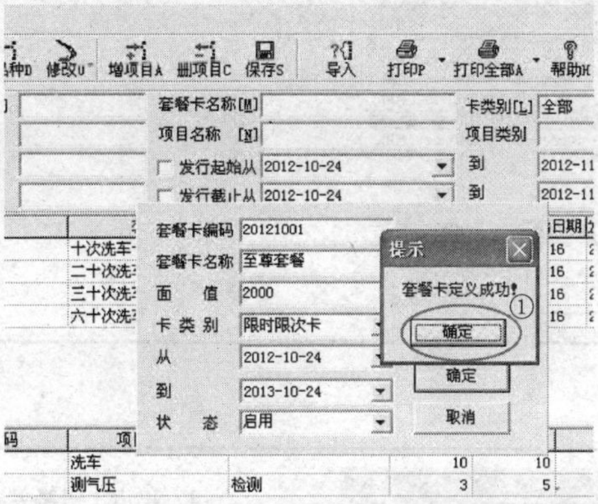

1．提示套餐卡定义成功，单击“确定”按钮

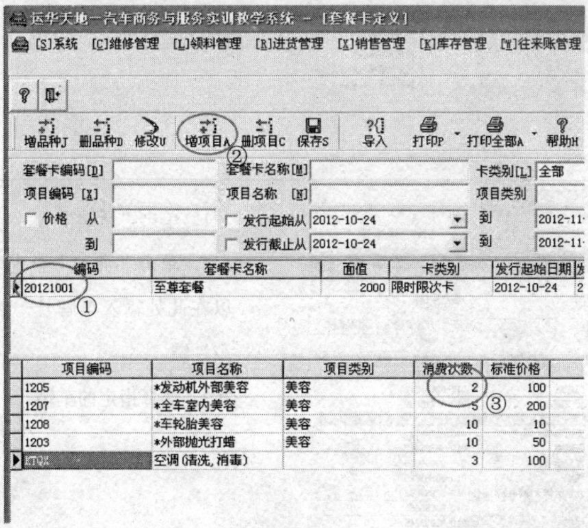

1．单击至尊套餐卡（如果此界面不显示该卡，可以通过套餐卡编码“20121001”进行查询）

2．单击“增项目”，在弹出的对话框中选择维修保养项目，定义套餐卡允许的消费项目

3．单击此处输入消费次数，务必回车确认次数

（二）查询套餐卡品种

1．在“卡状态”处，单击下拉箭头，选择“启用”

2．此处打“√”

3．单击“查询”，符合条件的已定义的套餐卡显示在列表

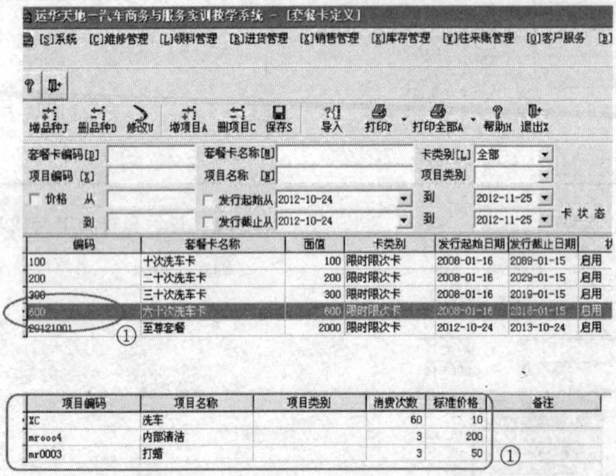

1．单击某种类型的套餐卡，列表下方区域将显示套餐卡允许的消费项目和消费次数

（三）发行套餐卡

1．单击“快修美容”

2．在弹出的对话框中选择“套餐卡发行”

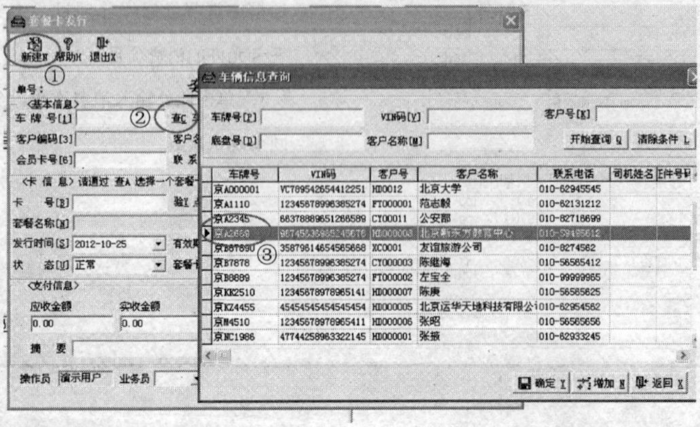

1．单击“新建”

2．单击“查 C”查询车辆。也可以在此处输入车牌号，然后按“回车”键

3．选择指定的车辆

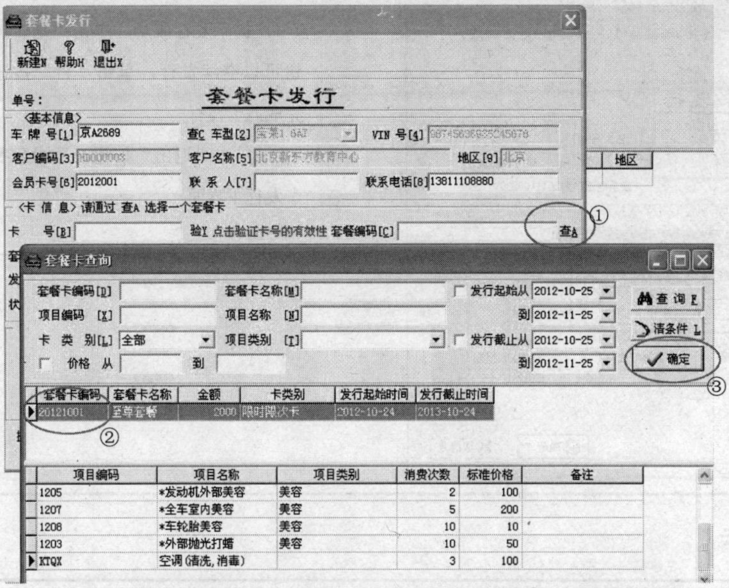

1. 单击“查A”

2. 在弹出的对话框中单击某种套餐类型，例如“至尊套餐”

3. 单击“确定”按钮完成选择

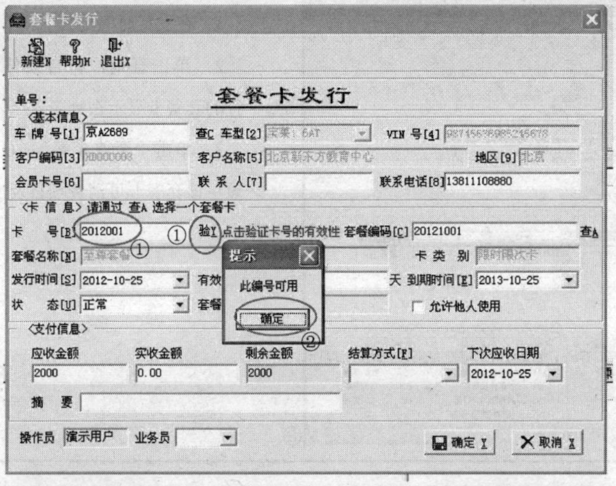

1. 输入发行给客户的卡号，“例如2012001”并单击“验Y”查验此卡编号是否可用

2. 提示“此编号可用”后，单击“确定”按钮

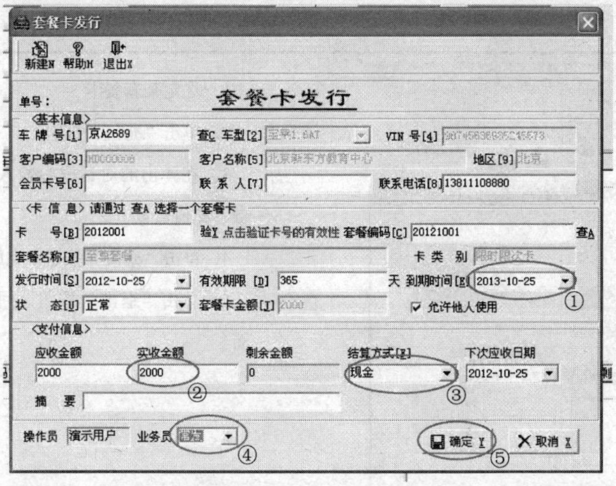

1. 选择该卡到期时间

2. 输入实收金额

3. 选择结算方式

4. 选择业务员

5. 检查无误后单击“确定”按钮

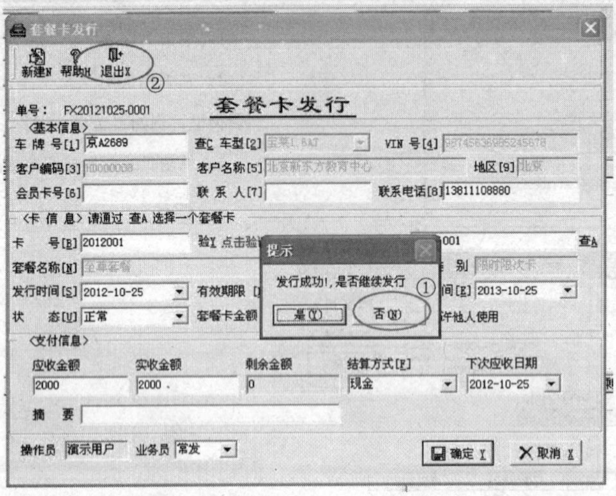

1．提示发行成功，单击“是”按钮可以继续发行，单击“否”按钮完成此卡发行

2．单击“退出”按钮，返回套餐卡发行主界面

（四）查询已发行的套餐卡

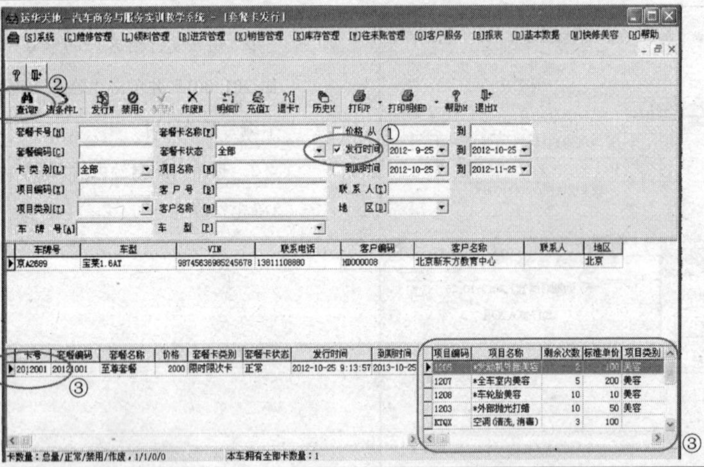

1．在发行时间处打“√”，

2．单击查询，符合条件的已发行的套餐卡显示在列表

3．单击“至尊套餐”，右侧区域显示该套餐卡可消费项目及次数

（五）给套餐卡充值

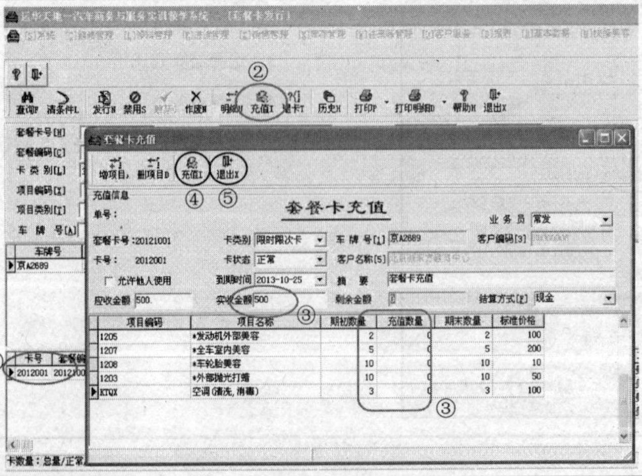

1．选定某套餐卡

2．单击“充值”按钮

3．在弹出的对话框中输入充值金额、充值数量

4．单击“充值”按钮，完成充值

5．单击“退出”按钮返回发行界面

（六）冻结套餐卡

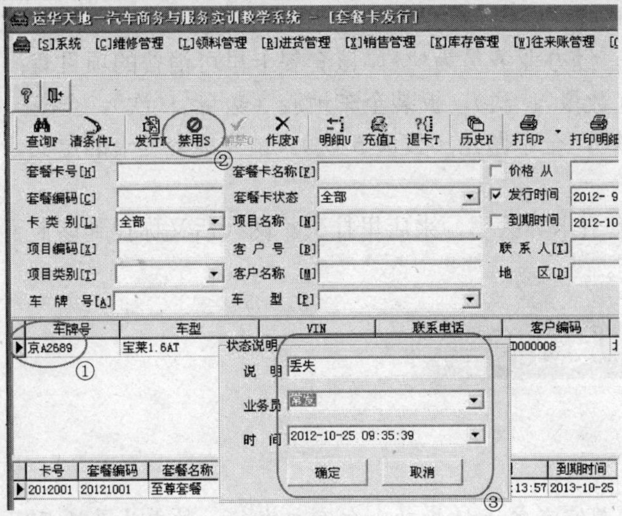

1. 单击某套餐卡

2. 再单击“禁用”按钮

3. 输入说明、选择业务员、选择时间，单击“确定”按钮，可以使该卡处于被冻结状态

（七）解禁套餐卡

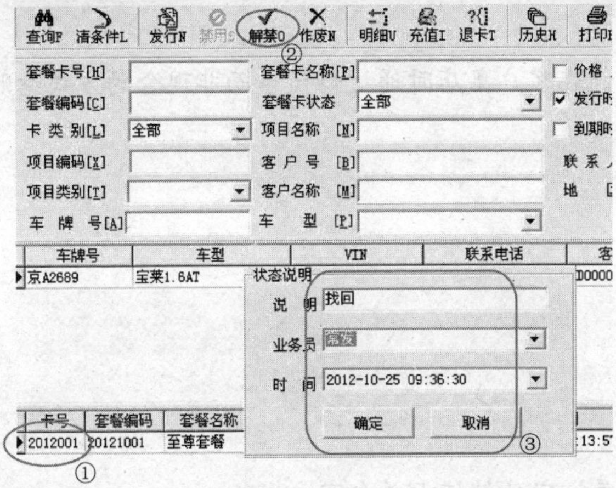

1. 单击某套餐卡

2. 再单击“解禁”按钮

3. 输入说明、选择业务员、选择时间，单击“确定”按钮

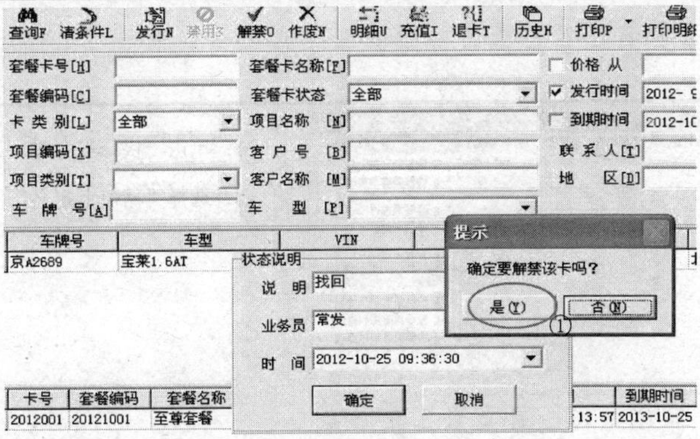

1. 在弹出的对话框中选择“是”按钮，可以使该套餐恢复正常使用状态

附：实训练习（文中出现的*均代表学生姓名）**

练习 1：车牌号为京 A2345 的车辆办理一张套餐卡，卡的面值是 1000 元，应收 800 元，实收 800 元，该卡允许他人使用。经办业务员为***。该套餐卡里可消费的项目有：拆装全车地毯（数量 1 次），全车检查（数量 1 次），拆装全车地胶（数量 1 次），全车一级美容（数量 5 次），全车补漆（数量 5 次），全车抛光（数量 5 次）。请完成套餐卡的定义、查询和发行。

练习 2：京 A2345 的车主把套餐卡弄丢了，来店里挂失。两天后又称找到该卡了。请你完成该车主的套餐卡的禁用和解禁。

任务 3　储值卡的定义、发行和查询

工作情景描述

某汽车美容店经理孙军决定在美容套餐卡的基础上向客户发行一种更为灵活且同样可以享受适当的优惠或折扣的储值卡。

学习目标

能够熟练定义和发行储值卡，并能在客户离店时通过储值卡而非现金的方式结账。

设备器材

计算机若干台

系统平台

快修美容联网练习

教学组织建议

每位学生扮演汽车美容店工作人员，定义储值卡并向客户发行。

任务实施

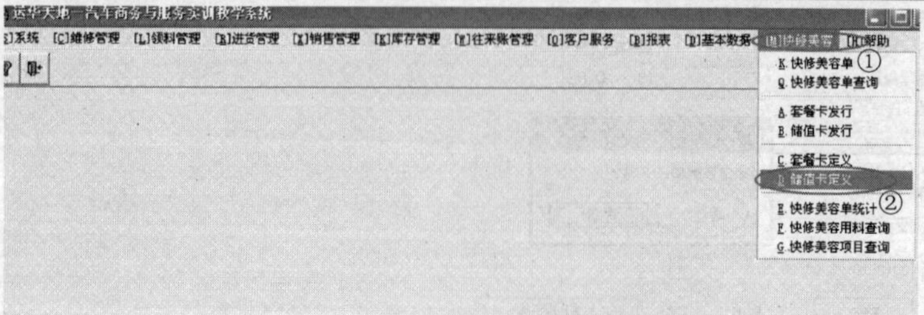

1. 单击“快修美容”

2. 选择“储值卡定义”

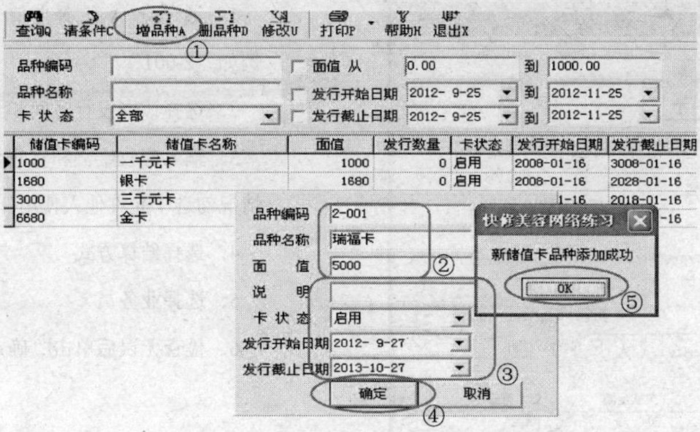

1．单击“增品种”

2．在弹出的对话框中输入编码、名称、面值，如图所示。（注意：储值卡品种编码必须保持唯一性，是以后查询的依据之一）

3．单击下拉菜单，选择卡状态、发行开始日期、截止日期，如图所示

4．检查无误，单击“确定”按钮

5．提示新储值卡品种添加成功，单击“OK”按钮

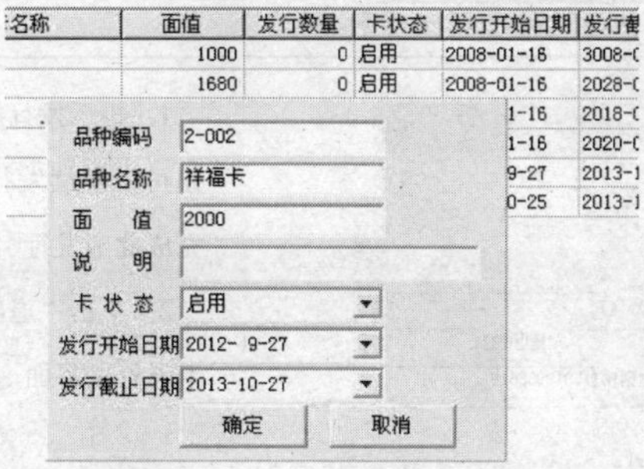

1．重复上述操作，可以添加新的储值卡

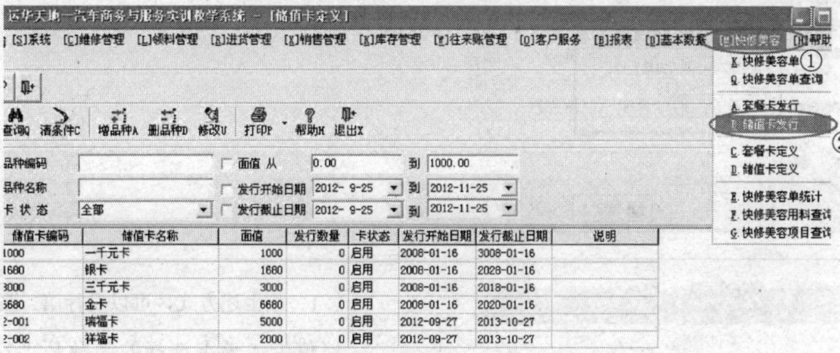

1．单击“快修美容”

2．选择“储值卡发行”

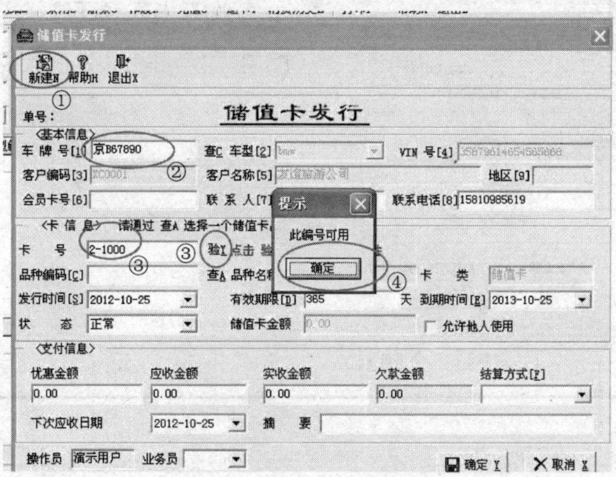

1．单击“新建”

2．单击“查 C” 查询车辆，并选择车辆。也可以在此处输入车牌号，然后按“回车”键

3．输入发行给客户的卡号，例如“2-1000”并单击“验 Y”查验此卡编号是否可用

4．提示“此编号可用”后，单击“确定”按钮

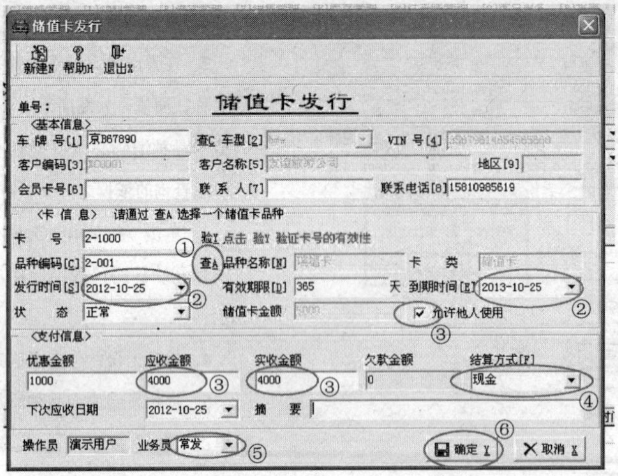

1．通过查 A 选择储值卡品种。例如“2-001”

2．选择该卡发行时间和到期时间

3．输入应收金额和实收金额，视情况勾选“允许他人使用”

4．选择结算方式

5．选择业务员

6．检查无误后单击“确定”按钮

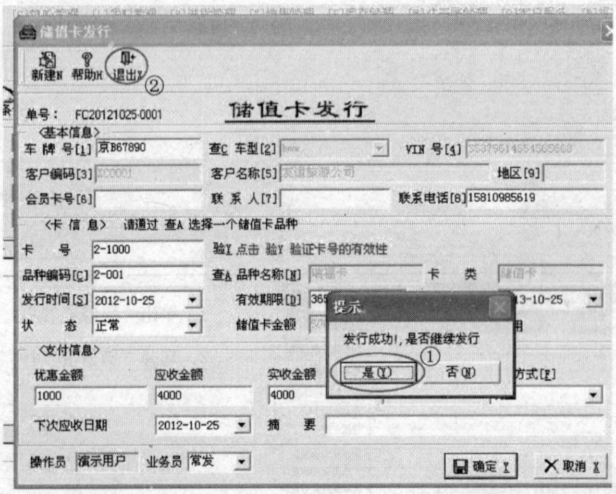

1．提示发行成功，单击“是”按钮可以继续发行，单击“否”按钮完成此卡发行

2．单击“退出”按钮，返回储值卡发行主界面

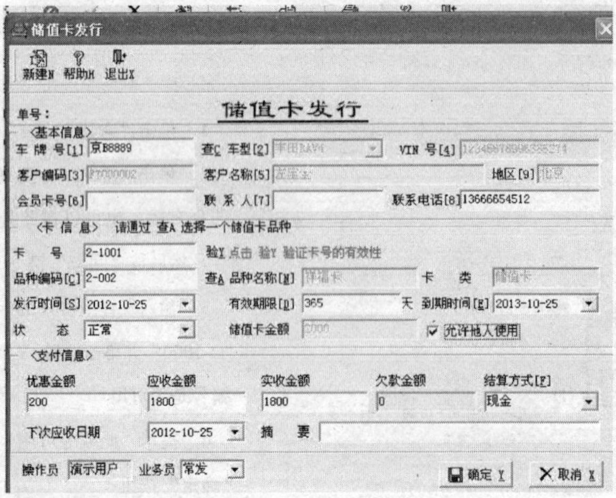

1．按上述方式，可以发行第二张储值卡，该卡选择的品种是“2-002”，与第一张不同

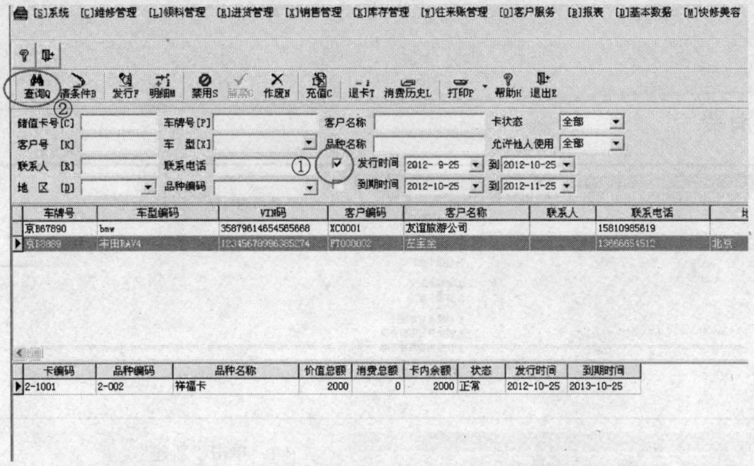

1. 在发行时间前打"√"

2. 单击"查询"，可以查询发行的储值卡。符合条件的发行过的储值卡显示在列表中

附：实训练习（文中出现的*均代表学生姓名）**

客户新东方教育中心的车辆办理一张储值卡，卡的面值是 1000 元，发行时优惠 300 元，实收 700 元，现金收款，发行有效期一年。经办业务员为***。请完成储值卡的定义、查询和发行。

任务 4 用套餐卡和储值卡消费

工作情景描述

客户北京新东方教育中心将牌号为京 A2689 的车辆送来做美容养护，该工单的维修保养项目从套餐卡中划减次数，客户不需另外付款。

学习目标

能够准确完成用套餐卡消费的快修美容单。会查询客户套餐卡中剩余的维修保养项目。

设备器材

计算机若干台

系统平台

快修美容联网练习

教学组织建议

每位学生扮演维修顾问，完成用套餐卡和储值卡消费的工单。会查询该工单。

任务实施

（一）用套餐卡和储值卡消费

1．单击“快修美容”

2．选择“快修美容单”

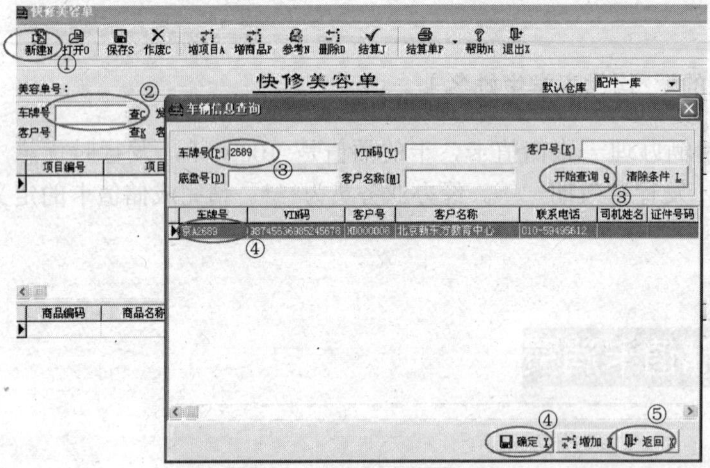

1．单击“新建”

2．如记得准确的车牌号码，则在空白处输入车牌号（只输入数字）并按“回车”键。如不记得车牌号，则单击“查C”

3．在弹出的对话框中输入车牌号（只输入数字），单击“开始查询”

4．单击目标车辆，单击“确定”按钮，完成车辆选择

5．单击“返回”按钮，返回快修美容主界面

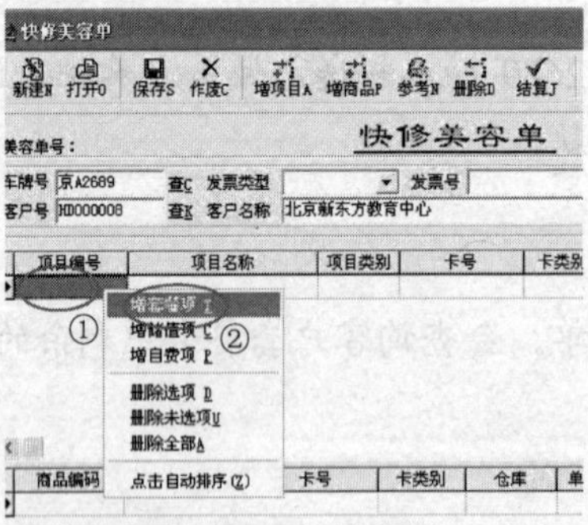

1．必须右键单击此处

2．在弹出的菜单中选择“增套餐项”

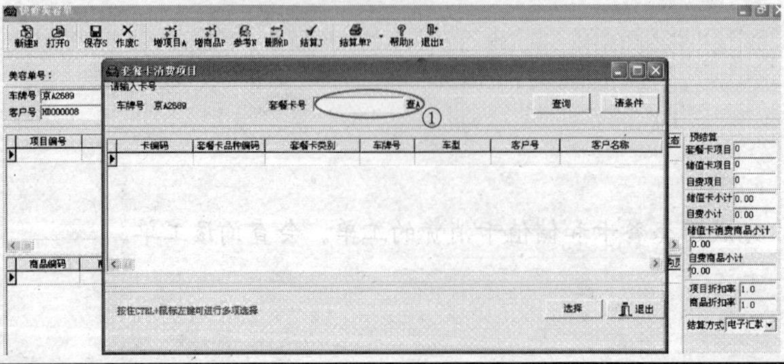

1．在弹出的对话框中输入套餐卡号，按“回车”键确认。如果不记得卡号则单击“查A”进行查询。在套餐卡的项目中双击目标项目，完成维修美容项目的选择。重复操作可以选择多个项目

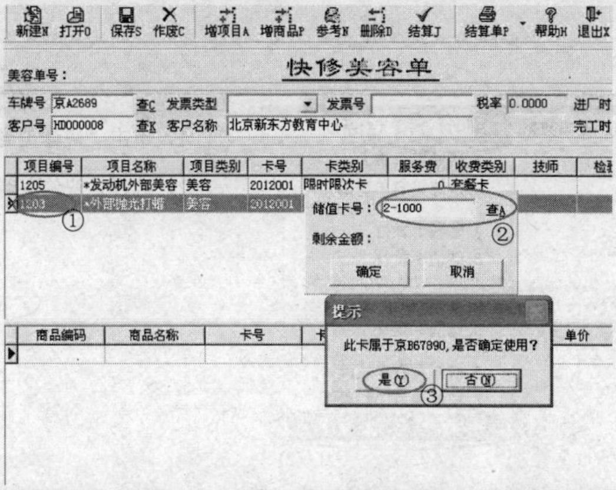

1．右键单击此处，在弹出的对话框中选择“增储项”

2．在弹出的对话框中，输入储值类型卡编号，按“回车”键确认。如不记得可以单击“查A”查询

3．在弹出的对话框中选择“是”。在继续弹出的对话框中选择维修项目

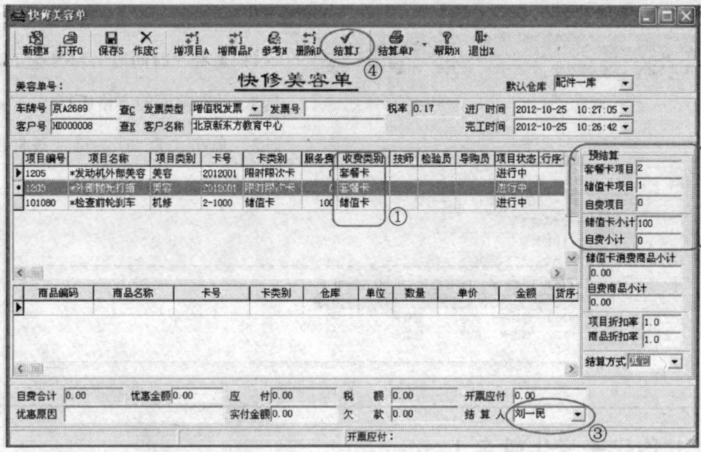

1．收费类别分别显示“套餐卡”“储值卡”

2．此处显示了该快修美容单的预结算内容，自费小计为0，客户不需要额外付款

3．选择结算人

4．单击“结算”，完成快修美容单的结算

（二）快修美容单查询

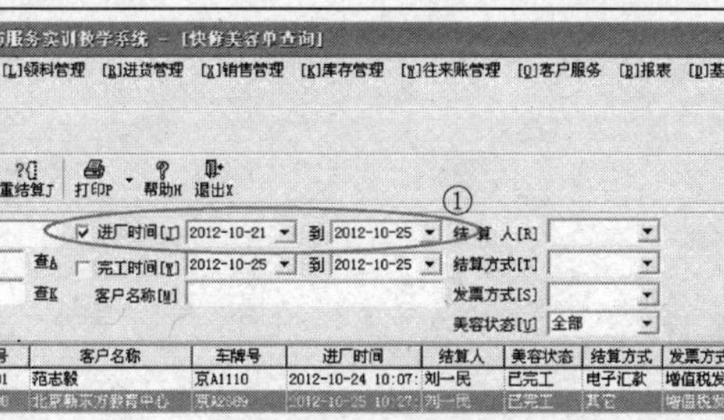

1．单击“快修美容”

2．选择“快修美容单查询”

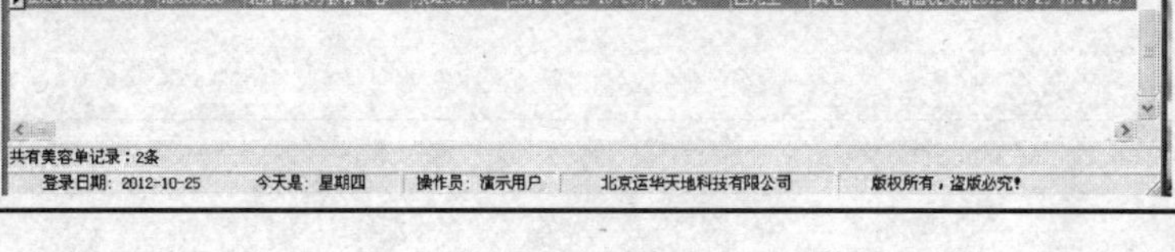

1．选择“进厂时间”，并在前面的方格内打“√”

2．单击“查询”。符合条件的工单显示在列表中

（三）快修美容项目查询

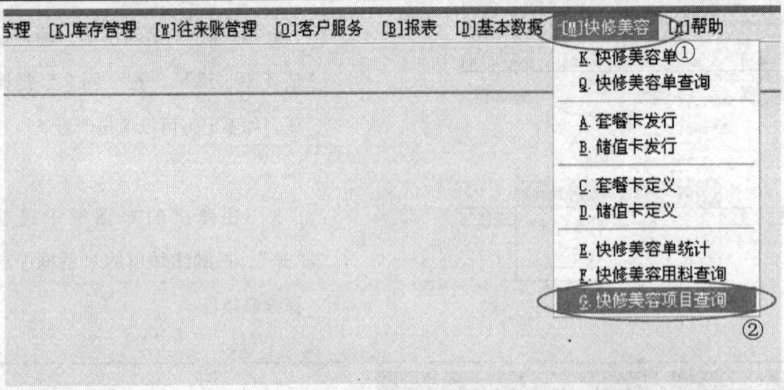

1．单击“快修美容”

2．选择“快修美容项目查询”

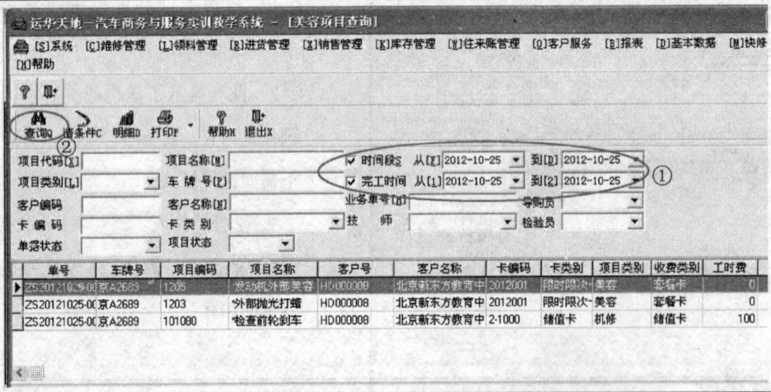

1．选择“时间段”和“完工时间”，并在前面的方格内打“√”

2．单击“查询”。符合条件的工单显示在列表中

附：实训练习（文中出现的*均代表学生姓名）**

车牌号为“京 A2345”的车主持套餐卡和储值卡来消费，消费项目是拆装全车地毯 1 次”；“全车补漆 1 次”；“右前门喷漆（YQMPQ，3611）”；“中控锁检修（ZKSJX，2444）”。请在系统中完成相应的快修美容工单。

项目六

报表统计

任务1　报表统计

工作情景描述

某 4S 店管理层开会讨论是否要调整公司经营策略，业务主管孙军须向会议提供营业报表，公司领导通过分析报表数据作出正确决策。孙军要求业务部门统计营业报表。

学习目标

能够熟练按配件、客户和员工等不同方式统计采购和销售情况，能够按日、周、月等不同周期统计营业报表，能够制作维修经营月报表。

设备器材

1. 计算机若干台

系统平台

大型厂联网练习

教学组织建议

每位学生扮演业务部门相关工作人员，制作各种营业报表。

任务实施

（一）按配件统计销售情况

1．单击“报表”

2．选择“按配件统计销售情况”

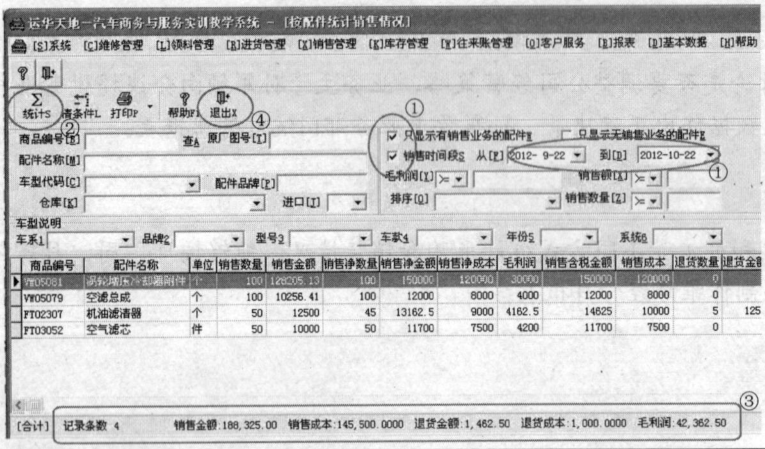

1．单击下拉箭头选择时间段并勾选“销售时间段”和“只显示有销售业务的配件”

2．单击“统计S”，符合条件的销售记录显示在列表

3．从页面下方可以读取各项销售信息

4．单击“退出X”返回主菜单

（二）按客户统计销售情况

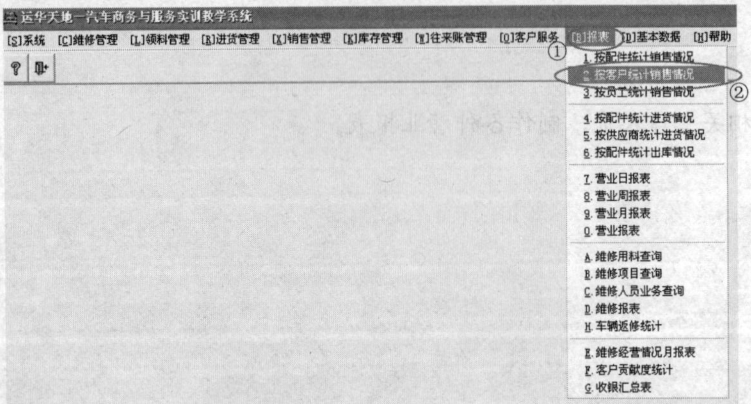

1．单击“报表”

2．选择“按客户统计销售情况”

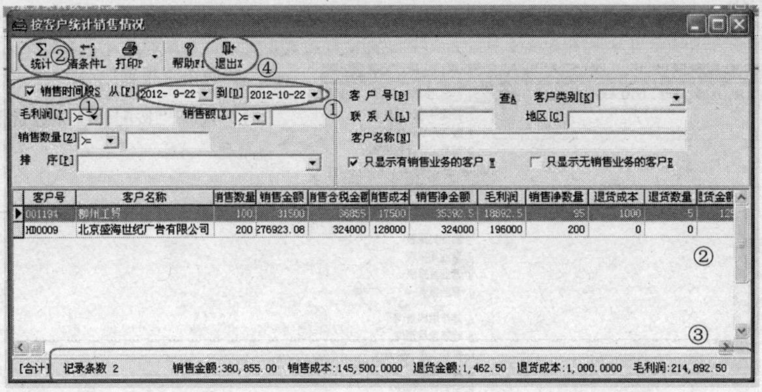

1. 单击下拉箭头选择时间段并勾选“销售时间段”和“只显示有销售业务的客户”

2. 单击“统计”，符合条件的销售记录显示在列表

3. 从页面下方可以读取各项销售信息

4. 单击“退出”返回主菜单

（三）按员工统计销售情况

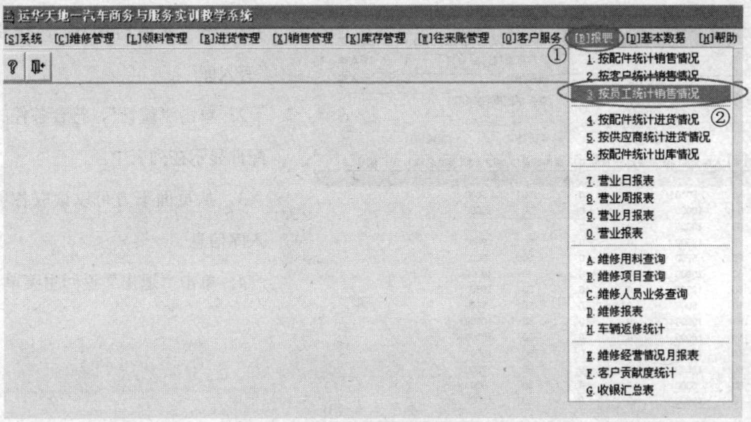

1. 单击“报表”

2. 选择“按员工统计销售情况”

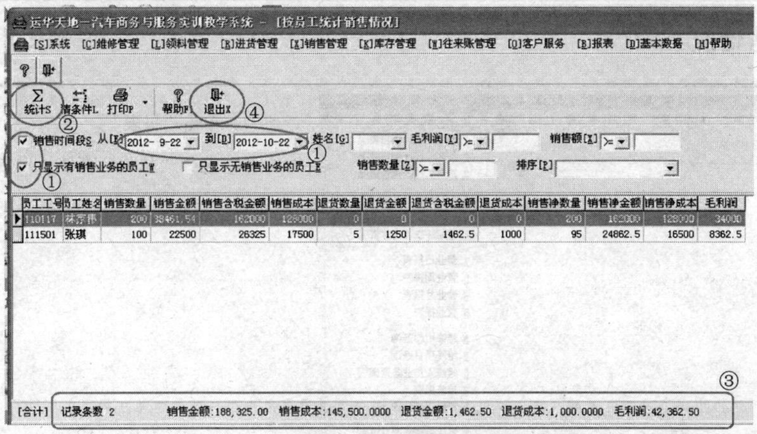

1. 单击下拉箭头选择时间段并勾选“销售时间段”和“只显示有销售业务的员工”

2. 单击“统计”，符合条件的销售记录显示在列表

3. 从页面下方可以读取各项销售信息

4. 单击“退出”返回主菜单

（四）按配件统计进货情况

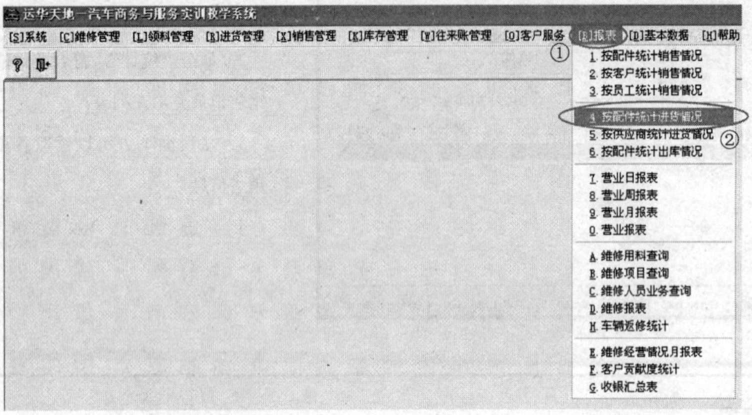

1．单击“报表”

2．选择“按配件统计进货情况”

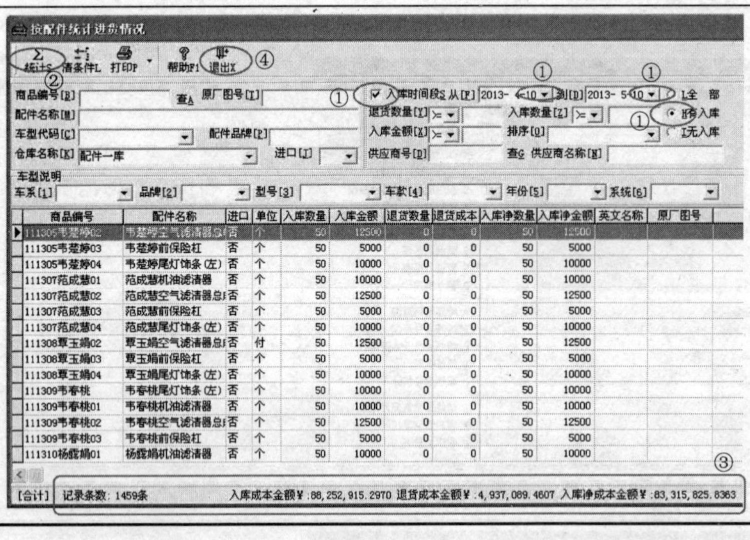

1．单击下拉箭头选择时间段并勾选“入库时间段”，选中“有入库”

2．单击“统计”，符合条件的配件显示在列表中

3．从页面下方可以读取各项入库信息

4．单击“退出”返回主菜单

（五）按供应商统计进货情况

1．单击“报表”

2．选择“按供应商统计进货情况”

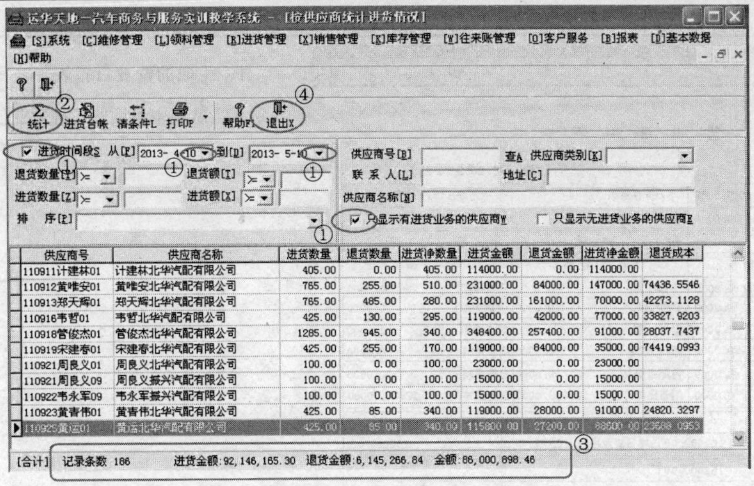

1．单击下拉箭头选择时间段并勾选“进货时间段”和“只显示有进货业务的供应商”

2．单击“统计”，符合条件的配件显示在列表中

3．从页面下方可以读取各项入库信息

4．单击“退出”返回主菜单

（六）营业日报表

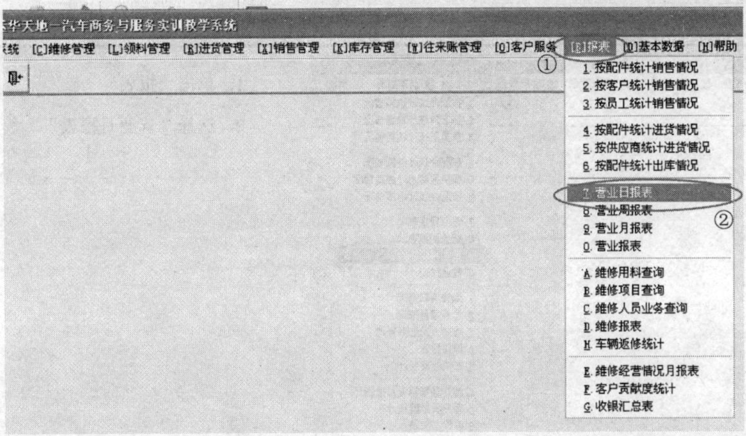

1．单击“报表”

2．选择“营业日报表”

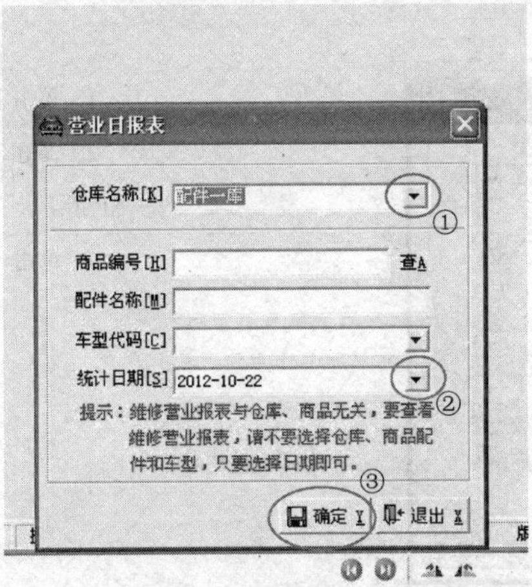

1．单击下拉箭头选择仓库

2．单击下拉箭头选择统计日期

3．单击“确定”按钮

营 业 日 报 表

统计仓库：配件一库
编制单位：柳州第一职业技术学校　　　　报表日期：2012-10-22

日初库存余额	5786519.6650	本日库存余额	5914519.6650
本日入库总额	256000.0000	本日出库总额	128000.0000

项　目	入库金额		出库金额		净　额	
采购成本	采购入库:	256000.0000	采购退货:	0.0000	采购净额:	256000.0000
调拨成本	调拨入库:	0.0000	调拨出库:	0.0000	调拨净额:	0.0000
盘点成本	盘盈入库:	0.0000	盘亏出库:	0.0000	盘点净额:	0.0000
维修用料	退料入库:	0.0000	领料出库:	0.0000	维修用料:	0.0000
内部用料	内部退料:	0.0000	内部领料:	0.0000	内部用料:	0.0000
销售成本	销售退库:	0.0000	销售出库:	128000.0000	销售成本:	128000.0000

本日营业总收入(含税)	162000.00	本日营业净收入(含税)	162000.00
配件销售收入(含税)	162000.00		
减：配件销售优惠金额		0.00	
减：配件销售退回金额		0.00	
维修营业收入(不含税)	0.00		
其中：材料费	0.00		

1．生成的营业日报表如左图所示，从表中可读取各种营业信息

（七）营业月报表

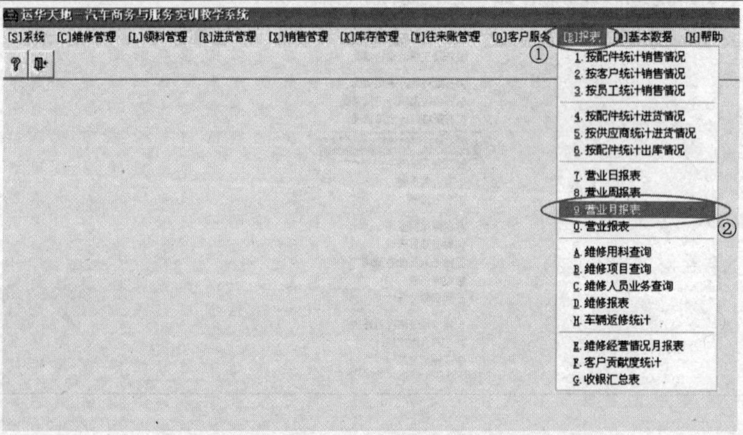

1．单击“报表”

2．选择“营业月报表”

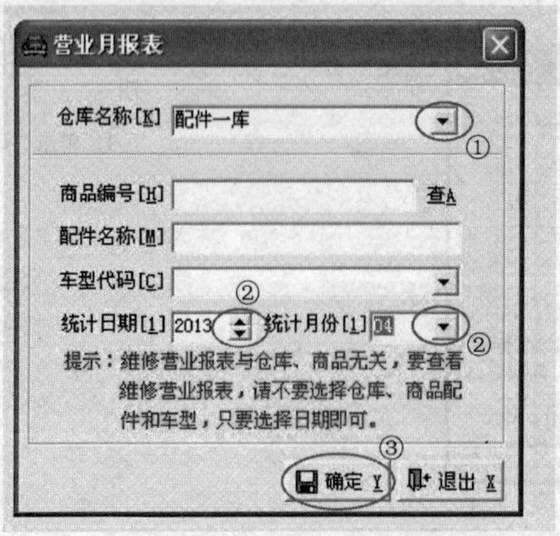

1．单击下拉箭头选择仓库

2．单击下拉箭头选择统计的日期

3．单击“确定”按钮

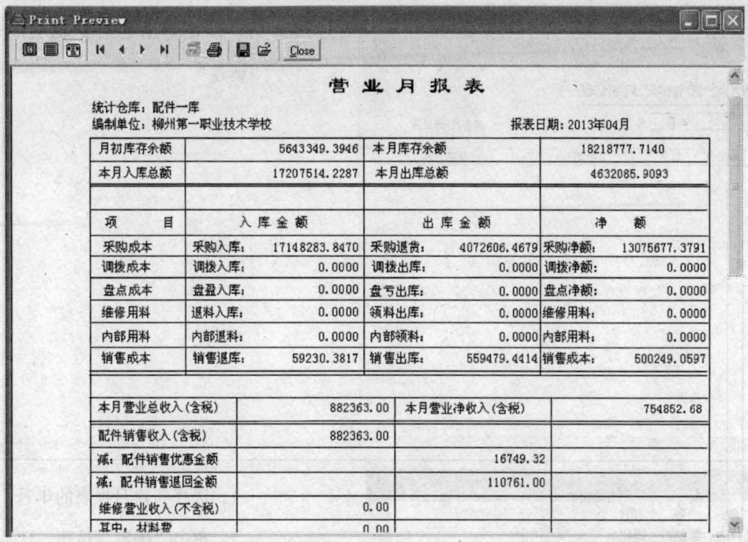

Print Preview

营 业 月 报 表

统计仓库：配件一库

编制单位：柳州第一职业技术学校　　报表日期：2013年04月

月初库存余额	5643349.3946	本月库存余额	18218777.7140
本月入库总额	17207514.2287	本月出库总额	4632085.9093

项　目	入库金额		出库金额		净　额	
采购成本	采购入库：	17148283.8470	采购退货：	4072606.4679	采购净额：	13075677.3791
调拨成本	调拨入库：	0.0000	调拨出库：	0.0000	调拨净额：	0.0000
盘点成本	盘盈入库：	0.0000	盘亏出库：	0.0000	盘点净额：	0.0000
维修用料	退料入库：	0.0000	领料出库：	0.0000	维修用料：	0.0000
内部用料	内部退料：	0.0000	内部领料：	0.0000	内部用料：	0.0000
销售成本	销售退库：	59230.3817	销售出库：	559479.4414	销售成本：	500249.0597

本月营业总收入（含税）	882363.00	本月营业净收入（含税）	754852.68
配件销售收入（含税）	882363.00		
减：配件销售优惠金额		16749.32	
减：配件销售退回金额		110761.00	
维修营业收入（不含税）	0.00		
其中：材料费	0.00		

此图为生成的营业月报表上段，从表中可读取各种营业信息

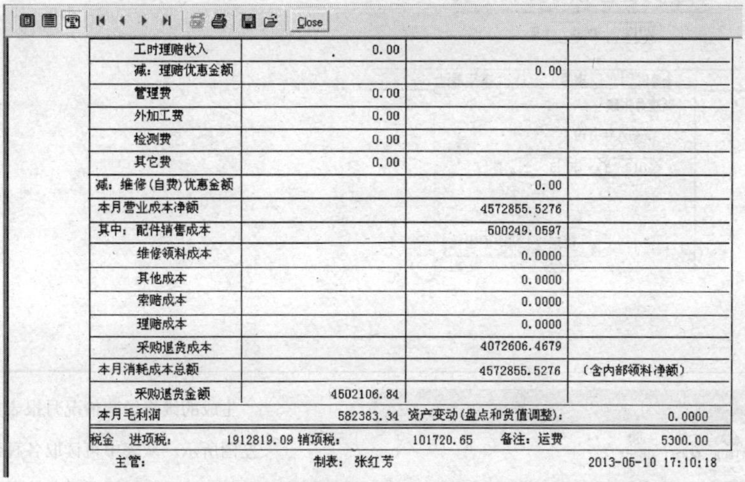

工时理赔收入	0.00		
减：理赔优惠金额		0.00	
管理费	0.00		
外加工费	0.00		
检测费	0.00		
其它费	0.00		
减：维修（自费）优惠金额		0.00	
本月营业成本净额		4572855.5276	
其中：配件销售成本		500249.0597	
维修领料成本		0.0000	
其他成本		0.0000	
索赔成本		0.0000	
理赔成本		0.0000	
采购退货成本		4072606.4679	
本月消耗成本总额		4572855.5276	（含内部领料净额）
采购退货金额	4502106.84		
本月毛利润	582383.34	资产变动（盘点和货值调整）：	0.0000

税金　进项税：1912819.09　销项税：101720.65　备注：运费　5300.00

主管：　制表：张红芳　2013-05-10 17:10:18

此图为生成的营业月报表下段，从表中可读取各种营业信息

（八）生成维修经营情况月报表

1．单击“报表”

2．选择“维修经营情况月报表”

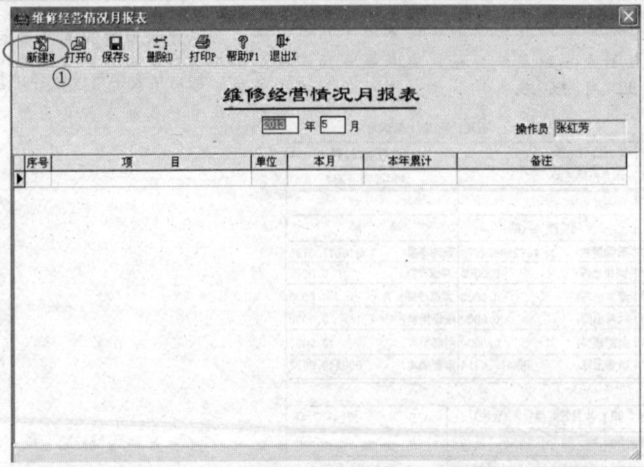

1．在弹出的对话框中单击“新建”

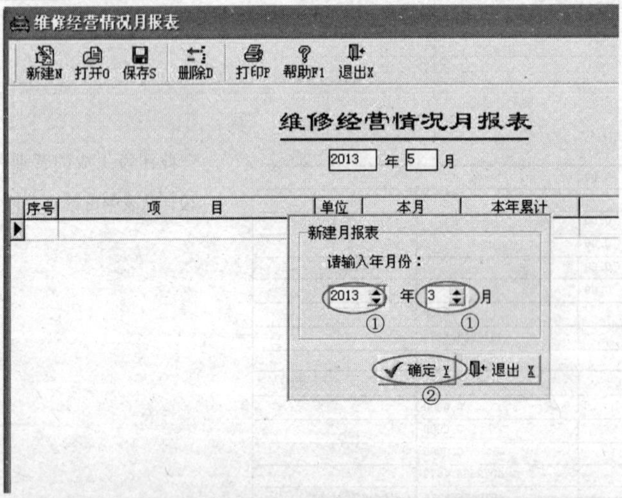

1．选择新建月报表的年月

2．单击“确定”按钮

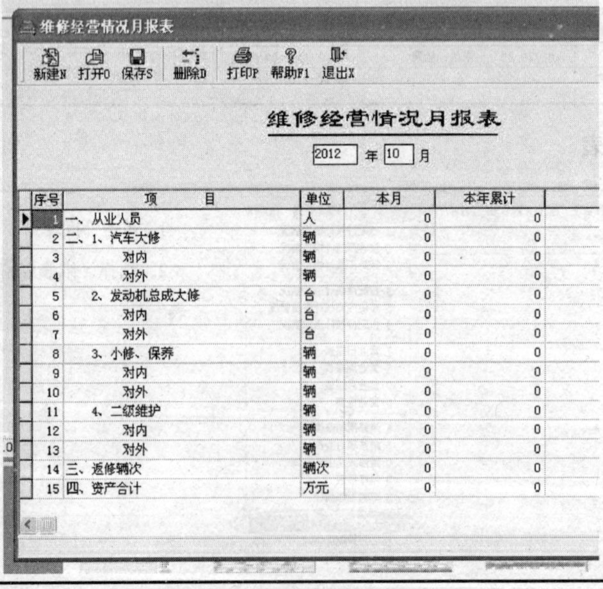

生成的维修经营情况月报表如左图所示，从表中可读取各种维修信息

（九）按客户贡献度统计报表

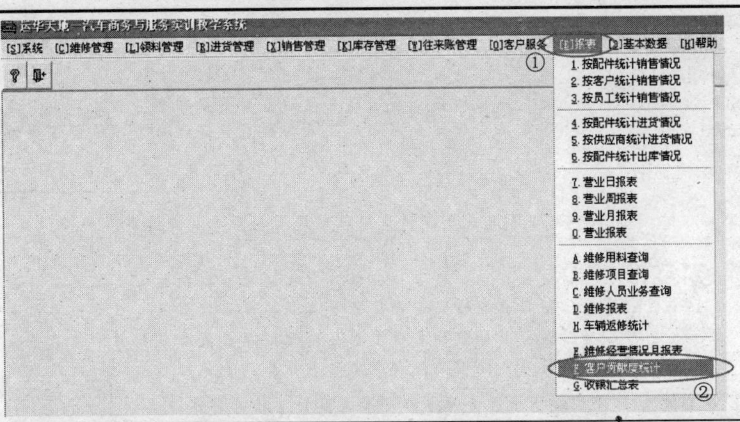

1. 单击“报表”

2. 选择“按客户贡献度统计”

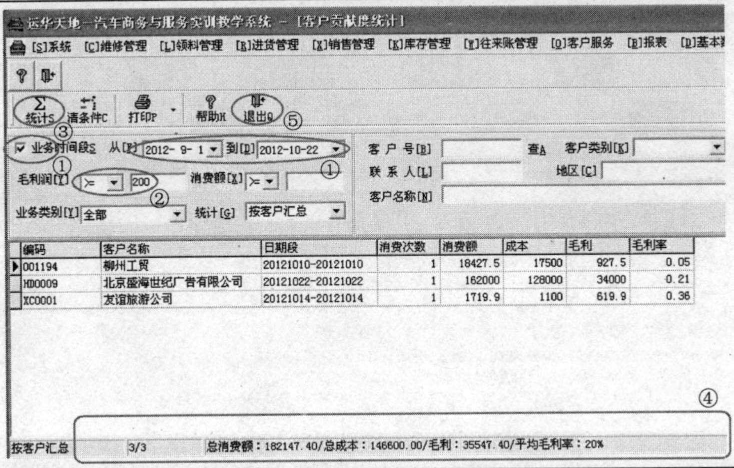

1. 选择时间段并在“业务时间段”前打“√”

2. 毛利率选择“>=200”

3. 单击“统计”，则符合条件的销售记录显示在列表中

4. 在页面下方可以读取各种销售信息

5. 单击“退出”可以返回主菜单

实训练习题及操作步骤

项目一

基础数据

任务1　员工信息

（一）实训练习（文中出现的*均代表学生姓名）**

每位学生扮演人力资源部工作人员，将自己的个人信息作为新员工信息录入系统，并对自己进行角色定义。

（二）实训练习操作步骤提示（文中出现的*均代表学生姓名）**

操作步骤 1：基本数据→员工信息→新建N→工号：年级＋班号＋学号，（范例：110406）→姓名：***→工资：2000 元→奖金系数：1.2→维修结算折扣最低折扣权限 0.8→销售单结算折扣最低折扣权限 0.7→（其余信息可以不用填写）→确定→退出X。

操作步骤 2：在工号栏输入自己的工号→查询Q→单击自己的工号→角色定义→全选→应用→单击“是”→确定→退出X。

任务2　客户信息

（一）实训练习

本维修厂与以下客户建立业务关系，请为系统添加客户信息。客户名称范例：110427 孙军 01。客户全称范例：孙军北京盛海世纪广告有限公司。客户信息如下：

客户名称	联系人	类别	地区	全称	地址	电话	开户行	开户帐号
工号***01	自己姓名	保险客户	北京	***北京盛海世纪广告有限公司		12345	农行	201
工号***02	自己姓名	保险客户	北京	***北京盛美领航国际广告有限公司		12346	农行	202
工号***03	自己姓名	保险客户	北京	***北京金赛尔科技有限责任公司		12347	农行	203
工号***04	自己姓名	保险客户	北京	***北京新东方教育中心		12348	农行	204

（二）实训练习操作步骤提示（文中出现的***均代表学生姓名）

操作步骤：（以第一个客户为例）基本数据→客户信息→新建N→自动获取客户编码：√→客户前缀：留空（自动生成）→客户名称：工号***01（范例：110406 孙军 01）→联系人：***→类别：保险客户→地区：北京→全称：***北京盛海世纪广告有限公司→开户行：工商银行→开户帐号：201→确定→在空白框中继续录入其他客户信息→退出X。

任务3 供应商信息

（一）实训练习（文中出现的***均代表学生姓名）

本维修厂将长期与以下供应商建立采购业务关系，请为系统添加供应商信息。供应商号范例：110427 孙军 01。名称和全称范例：110427 孙军北华汽配有限公司。供应商信息如下：

供应商号	联系人	类别	地区	名称和全称	简称	电话	开户行	开户帐号
工号***01	***	配件批发商	北京	工号***北华汽配有限公司	北华	略	工商银行	200
工号***02	***	配件批发商	北京	工号***壳牌润滑油销售部	壳牌		工商银行	200
工号***03	***	配件批发商	北京	工号***易通商贸有限公司	易通		工商银行	200
工号***04	***	配件批发商	北京	工号***登丰汽配销售有限公司	登丰		工商银行	200
工号***05	***	配件批发商	北京	工号***米其林销售有限公司	米其林		工商银行	200
工号***06	***	配件批发商	上海	工号***正大汽配有限公司	正大		工商银行	200
工号***07	***	配件批发商	上海	工号***飞鸿汽配有限公司	飞鸿		工商银行	200
工号***08	***	配件批发商	上海	工号***展望汽配有限公司	展望		工商银行	200
工号***09	***	配件批发商	上海	工号***振兴汽配有限公司	振兴		工商银行	200
工号***10	***	整车类	上海	工号***顺风大众汽车销售公司	顺风		工商银行	200
工号***11	***	整车类	上海	工号***东风风行汽车销售公司	东风风行		工商银行	200
工号***12	***	整车类	上海	工号***上海奇瑞汽车销售公司	奇瑞		工商银行	200

（二）实训练习操作步骤提示（文中出现的***均代表学生姓名）

操作步骤：（以第一个供应商为例）基本数据→供应商信息→新建N→供应商号：工号***01（范例：110406 孙军 01）→联系人：***→类别：配件批发商→地区：北京→名称：工号***北华汽配有限公司→简称：北华→全称：工号***北华汽配有限公司→开户行：工商银行→开户帐号：200→确定→重复以上操作录入其他供应商信息→退出X。

任务4 配件信息

（一）实训练习（文中出现的***均代表学生姓名）

公司拟采购一批新零件，请以你的自己姓名作为前缀为配件命名，添加新的配件信息。配件编号范例：110427 孙军 01。

配件编号	是否进口	配件名称	类别	单位	参考进货价	成本价	零售价	批发价	库存均价	库存上限	库存下限	销售加价率	维修加价率
工号***01	否	***机油滤清器	配件	个	200	220	250	230	250	200	5	150%	120%
工号***02	否	***空气滤清器总成	配件	个	150	170	200	180	200	200	5	150%	120%
工号***03	否	***前保险杠	配件	个	500	550	600	580	600	200	5	150%	120%
工号***04	否	*** 尾灯饰条（左）	配件	个	500	550	600	580	600	200	5	150%	120%
工号***05	否	***点烟器	电子	个	50	60	80	70	80	200	5	150%	120%
工号***06	否	***机盖锁支架	配件	个	150	180	210	200	210	200	5	150%	120%
工号***07	否	***前刹车分泵修理包	配件	个	500	550	600	580	600	200	5	150%	120%
工号***08	否	***轴头离合器	配件	个	500	550	600	580	600	200	5	150%	120%
工号***09	否	***消声器（中段）	配件	个	50	60	80	70	80	200	5	150%	120%
工号***10	否	***真空泵	配件	个	250	270	300	280	300	200	5	150%	120%
工号***11	否	***冷凝器	配件	个	200	220	250	230	250	200	5	150%	120%
工号***12	否	*** 转向节臂（右）	配件	个	180	200	250	220	250	200	5	150%	120%
工号***13	否	***前轮轴承	配件	个	20	25	30	28	30	200	5	150%	120%
工号+***+14	否	***涡轮增压冷却水箱	配件	个	600	650	750	700	750	200	5	150%	120%
工号***15	否	***节温器	配件	个	10	15	20	18	20	200	5	150%	120%
工号***16	否	***缸盖	配件	个	600	650	750	700	750	200	5	150%	120%
工号***17	否	***点火线圈	电子	个	20	25	30	28	30	200	5	150%	120%

（二）实训练习操作步骤提示（文中出现的*均代表学生姓名）**

操作步骤：（以第一个配件为例）基本数据→配件信息→新建N→配件编号：工号***01（范例：110406 孙军 01）→联系人：***→配件名称：***机油滤清器 01→输入练习中给的各种价格、类别、单位、进出口、库存上、下限、维修加价率、销售加价率→确定→弹出的对话框选“是”→继续录入其他配件信息→确定→退出X。（注：添加配件信息前，在 ☑ 保存完毕清除当前内容 前打“√”，可以提高输入效率）

项目二

配件进销存管理

任务 1　配件订货

（一）实训练习（文中出现的***均代表学生姓名）

练习 1：向***易通商贸有限公司订货，订货品种为***轴头离合器（50 个），不含税价 500 元；***冷凝器（50 个），不含税价 200 元。订货人：***。请完成订货询价单。

练习 2：查询完成的订货询价单。

练习 3：将订货询价单打印出来，传真给该供应商。

（二）实训练习操作步骤提示（文中出现的***均代表学生姓名）

◆ 完成订货询价单的操作步骤提示

操作步骤 1：帮助→配件导航→订货询价→新建N→日期默认当日→查（A）→选择：***易通商贸有限公司→发票方式：增值税发票→运输方式：中铁快运。

操作步骤 2：双击商品编号下方的空白方框，进入商品选择界面→商品名称：***→开始查询→双击选择以下商品，单击返回 X后，输入数量和价格：

***轴头离合器（50 个）→不含税价 500 元

***冷凝器（50 个）→不含税价 200 元

操作步骤 3:询价人：***→保存S→订单Y→在弹出的对话框中输入订货人、日期、订金等→确定 I→退出X。

操作步骤 4：进货管理→订货询价查询→选择时间（或者配件名称：***或者几个条件组合）→查询Q→退出X。

◆ 查询订货询价单的操作步骤提示

操作步骤：进货管理→订货询价查询→选择时间（或者配件名称***或者几个条件组合）→查询Q→明细D→退出X。

◆ 打印订货询价单的操作步骤提示

操作步骤：查询指定的订货询价单→打印P（单击下拉箭头）→常规打印→打印。

任务 2　配件采购入库

（一）实训练习（文中出现的*均代表学生姓名）**

练习 1：根据下表信息完成第一张采购入库单

供应商	***振兴汽配有限公司
商品	***前保险杠，采购数量 50 个，不含税价 100 元，零售单价 120 元，批发单价：110 元 ***尾灯饰条（左），采购数量 50 个，不含税价 200 元，零售单价 220 元，批发单价：210 元
采购员	***

练习 2：查询完成的第一张采购入库单和上述配件库存

练习 3：根据下表信息完成第二张采购入库单

供应商	****北华汽配有限公司
商品	***机油滤清器，采购数量 50 个，不含税价 200 元，零售单价 250 元，批发单价：230 元 ****空气滤清器总成，采购数量 50 个，不含税价 260 元，零售单价 295 元，批发单价 280 元
采购员	***

练习 4：查询完成的第二张采购入库单和上述配件库存量

拓展练习：向一分利汽配公司采购两个配件，分别是油箱总成（不含税单价 2500 元，零售价 2600 元）和排气支管垫（不含税单价 200 元，零售价 230 元）。采购数量各 20 个，选择增值税票，现金支付，运输方式为中铁快运。要求先完成订货询价单，然后把订货询价单转化成采购入库单。

（二）实训练习操作步骤提示（文中出现的*均代表学生姓名）**

◆ 完成第一张采购入库单的操作步骤提示

操作步骤 1：进货管理→→采购入库单→新建N→配件一库→日期默认当日→供应商：查A→***振兴汽配有限公司→结算方式现金→增值税发票→入库类别：采购入库。

操作步骤 2：双击商品编号下方的空白方框，进入商品选择界面→商品名称：***→查询Q→双击选择以下商品，单击返回X后，输入数量和价格：

***前保险杠（数量 50 个）→不含税价 100 元，零售单价 120 元，批发单价：110 元

***尾灯饰条（左）（数量 50 个）→不含税价 200 元,，零售单价 220 元，批发单价：210 元

操作步骤 3：采购员：***→保存S→入库R→退出X。（已经单击入库R的单据不能进行任何修改）

（友情提示：如果没有单击入库R，只单击保存S→退出X，则单据只保存为草稿，入库单上的数量不会改变库存数量）

◆ 查询第一张采购入库单的操作步骤提示

操作步骤：进货管理→入库查询→选择时间段，采购员***→查询Q→单击某条入库记录→明细D→退出X。

（友情提示：没有单击入库R的入库单草稿，在此处无法查询，可以单击打开O查询）

◆ 查询配件库存量的操作步骤提示

操作步骤：库存管理→库存配件查询→在配件名称处输入***→查询Q→（在列表中可以看到配件库存数量以及存放在哪个仓库）→退出X。

◆ 完成第二张采购入库单的操作步骤提示

操作步骤 1：进货管理→采购入库单→新建N→配件一库→日期默认当日→供货商：查A→****北华汽配有限公司→结算方式：现金→发票方式：增值税票→入库类别：采购入库。

操作步骤 2：双击商品编号下方的空白方框，进入商品选择界面→商品名称：***→查询Q→双击选择以下商品，单击 返回X 后，输入数量和价格：

***机油滤清器（数量 50 个）→不含税价 200 元，零售单价 250 元，批发单价：230 元

****空气滤清器总成（数量 50 个）→不含税价 250 元，零售单价 295 元，批发单价 280 元

操作步骤 3：采购员：***→保存S→退出X。

操作步骤 4：（此步骤为修改空气滤清器价格）进货管理→采购入库单→打开O→双击“***北华汽配有限公司”→单击“***空气滤清器总成”→把不含税单价改成 260 元→保存S→入库R→退出X。

◆ 查询第二张采购入库单和配件库存量的操作步骤提示

方法同上，略。

◆拓展练习步骤提示：

先按上述步骤完成订货询价单。然后新建采购入库单，再单击询价单J，后面的步骤与采购入库步骤相同。

任务 3　采购退货

（一）实训练习（文中出现的***均代表学生姓名）

练习 1：根据以下信息先完成采购入库单，查询 17 种配件的库存量。完成采购退货单，再查询 17 种配件的库存量，观察库存量的变化

供应商	***北华汽配
商品	项目一任务 4 的实训练习录入的带***的 17 种配件，每种配件采购数量为 20 个，每种配件的不含税单价与该配件的零售价相同
采购员	***
情景	买回来后，发现每种配件都有 5 个出现质量问题，向供应商提出退货要求，供应商答应了退货请求

（二）实训练习操作步骤提示（文中出现的***均代表学生姓名）

◆ 完成采购入库单的操作步骤提示：

操作步骤 1：进货→新建N→配件一库→日期默认当日→供应商：查A→选择：***北华汽配有限公司→发票方式:增值税票→结算方式→现金→入库类别：采购入库。

操作步骤 2：双击商品编号下方的空白方框，进入商品选择界面→商品名称：***→查询Q→添加带***的 17 种配件（每种配件采购数量为 20 个），每种配件的不含税单价与该配件的零售价相同。

操作步骤 3：采购员：***→保存S→入库R

◆ 查询配件库存量的操作步骤提示：

操作步骤：库存管理→库存配件查询→在配件名称处输入***→查询Q（在列表中可以看到配件库存数量以及存放在哪个仓库）→退出X。

◆ 完成采购退货单的操作步骤提示

操作步骤：进货管理→采购退货单→新建N→入库单R→查询出练习 1 完成的采购 17 个零件的入库单→把所有配件退货数量修改为 5 个→采购员：***→采购主管：***→保存S→退货T。

◆ 查询配件库存量的操作步骤提示：

操作步骤：库存管理→库存配件查询→选择时间段，在配件名称处输入***→查询Q→在列表中可以看到配件库存数量以及存放在哪个仓库→退出X。

思考：17 种配件的库存数量发生了什么变化？变化量是多少？

任务 4 销售出库

（一）实训练习（文中出现的*均代表学生姓名）**

练习 1：根据以下信息完成销售出库单，并查询该销售单

客户	***北京盛海世纪广告有限公司
销售商品	***机油滤清器，价格 250 元/个，销售数量 5 个；***空气滤清器总成，价格 300 元/个，销售数量 5 个；***前保险杠→价格 600 元/个，销售数量 2 个
销售员	***
情景	填制销售单的时候错误把三个配件的销售数量都输成 5

（二）实训练习操作步骤提示（文中出现的*均代表学生姓名）**

◆ 完成该销售单的操作步骤提示

操作步骤 1：销售管理→销售出库单→新建N→配件一库→客户：查A→名称：工号***01→查询Q→选择该客户→确定→发票方式→增值税票→结算：挂帐。

操作步骤 2：双击商品编号下方的空白方框，进入商品选择界面→商品名称：***→查询Q→双击选择以下商品，单击返回X后，输入数量和价格：

***机油滤清器（注：选择自己名字的商品），数量 5 个，价格 250 元

***空气滤清器总成→数量 5 个，价格 300 元

***前保险杠→数量 5 个，价格 600 元

操作步骤 3：销售员：***→保存S（注意：记住右上角的销售单号）→退出X。

操作步骤 4（修改刚才的错误）：销售管理→销售出库单→打开O→查询出自己刚才做的销售草稿单→双击该条草稿单→单击“前保险杠”→销售数量改为 2→保存S→销售Y→退出X。

（注：如果出现提示 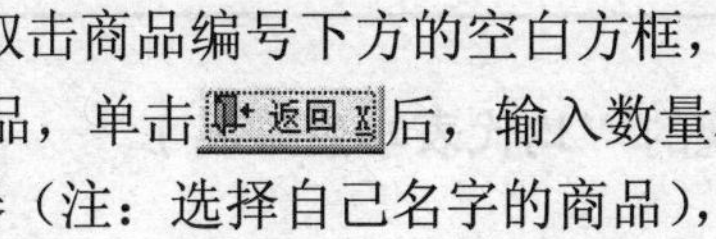

，则需要退出销售出库界面完成上述配件一定数量的采购入库后，方可继续销售）

◆ 查询销售出库单的操作步骤提示

操作步骤：销售管理→销售查询→选择时间并在前面方格内打“ √”，选择销售员***→查询Q→退出X。

任务 5 销售收款

（一）实训练习（文中出现的***均代表学生姓名）

练习 1：向客户***北京盛海世纪广告有限公司收取货款，在系统中完成收款操作。

（二）实训练习操作步骤提示（文中出现的***均代表学生姓名）

操作步骤：销售管理→销售收款→业务单号：查A→查询出***北京盛海世纪广告有限公司的销售单→实收金额：与应收金额一致→开票方式：增值税发票→交款方式：现金→收款人：***→收款I→收款完成! 确定→退出X。

任务 6 销售退货和销售退款

（一）实训练习（文中出现的***均代表学生姓名）

根据以下信息先完成销售出库单，再完成销售退货单，并查询销售退货单

客　户	***北京盛美领航国际广告有限公司
销售商品	***机油滤清器，价格 250 元/个，销售数量 5 个 ****空气滤清器总成→价格 300 元/个，销售数量 10 个 ***前保险杠→价格 600 元/个，销售数量 5 个
整单折扣	0.8
销售员	***
情　景	客户把配件买回去后，发现 2 个****空气滤清器总成有质量问题，提出退货。经协商同意给客户退货

（二）实训练习操作步骤提示（文中出现的***均代表学生姓名）

◆ 完成销售单的操作步骤提示

操作步骤 1：销售管理→销售出库单→新建N→仓库：配件一库→客户：查A→工号***02（***北京盛美领航国际广告有限公司）→查询Q→确定I→发票方式→增值税票→结算：现金。

操作步骤 2：双击商品编号下方的空白方框，进入商品选择界面→商品名称：***→查询Q→双击选择以下商品，单击返回X后，输入数量和价格：

***机油滤清器，数量 5 个，价格 250 元

****空气滤清器总成，数量 10 个，价格 300 元

***前保险杠，数量 5 个，价格 600 元

操作步骤 3：折扣改为 0.8→销售员：***——保存S→销售Y→退出X。

◆ 完成销售退货单的操作步骤提示

操作步骤：销售管理→销售退货单→新建N→打开O→找到***北京盛美领航国际广告有限公司的销售单→单击不需要退货的配件→删除（重复操作，只保留****空气滤清器总成）→把****空气滤清器总成的数量修改为 2→采购员：***→采购主管：***→保存S→退货T。

◆ 查询销售退货单的操作步骤提示

操作步骤 1：销售管理→销售退货查询→选择时间并在前面方格内打"√"，选择销售员***→查询Q。

项目三

整车进销存管理

任务 1　整车销售订货

（一）实训练习（文中出现的*均代表学生姓名）**

订车客户为“陆彪”，订购车型为：AUDI A4 1.8T CVT　新 A4 2007 款，进货价 29500 元，销售价 321500 元。

（二）实训练习操作步骤提示（文中出现的*均代表学生姓名）**

◆ 完成销售订单的操作步骤提示

操作步骤 1：帮助→汽贸导航→销售订单→新建→订货日期：默认当→交货日期：选择 8 天后→订单合同：任意四位阿拉伯数字→业务员：***。

操作步骤 2：客户号：查A→名称：陆彪→查询Q→双击目标客户。

操作步骤 3：加整车A→品牌：奥迪→查询→选车：车型代码为 AUDI A4 1.8T CVT　新 A42007 款，进货价 29500 元，销售价 321500 元的这一辆。

操作步骤 4：颜色：白色→数量：1→车辆订金：30000 元→保存S→订单确认R→退出X。

◆ 查询销售订单的操作步骤提示

操作步骤：（菜单）整车销售管理→销售订单查询→单击下拉箭头选择时间，并在时间段前的方格内打“√”→查询。

任务 2　整车采购订单

（一）实训练习（文中出现的*均代表学生姓名）**

练习 1：根据下表信息完成基础信息的录入

（1）添加整车供应商信息

供应商号	联系人	类别	地区	名称和全称	简称
工号***10	***	整车类	上海	***上海盛铭汽车集团有限公司	盛铭
工号***11	***	整车类	上海	***东风风行汽车销售公司	东风风行
工号***12	***	整车类	上海	***大众汽车销售公司	大众

（2）添加购买整车客户信息

客户名称	联系人	类别	地区	全称	地址
工号***整车客户 01	***	保险客户	北京	***北京运华软件有限公司	
工号***整车客户 02	***	保险客户	北京	***上海中博广告有限公司	
工号***整车客户 03	***	保险客户	北京	***江苏金赛尔科技有限责任公司	
工号***整车客户 04	***	保险客户	北京	***广州恒翔贸易有限公司	

练习 2：根据下表信息完成整车采购订单

供应商	***上海盛铭汽车集团有限公司
商品	奥迪，车型代码为 AUDI A4 1.8T CVT　新 A4 2007 款，进货价 29500 元，销售价 321500 元，白色
采购员	***
情景	保存订单草稿后，又追加增订了两辆车： 奥迪，新 A6L　2008 款，数量 1，进货价 449000 元 别克，2.4AT，数量 1，进货价 195000 元

（一）实训练习操作步骤提示（文中出现的*均代表学生姓名）**

◆ 整车供应商信息和购买整车客户信息操作步骤提示（略）

◆ 整车采购订单操作步骤提示

操作步骤：帮助→汽贸导航→采购订单→新建→销售订单T→业务员：***→查询Q→双击目标整车销售订单→供应商：查A→供应商名称：***上海盛铭汽车集团有限公司→查询Q→双击目标供应商→交货地点：广西柳州→交货时间：订货时间后 5 天→采购员：***→摘要说明：***→保存S→退出X。

◆ 修改、确认整车采购订单的操作步骤提示

操作步骤：导航界面采购订单→打开O→选择前面步骤保存的订单→加整车A（进入车型选择界面）→品牌：奥迪→查询Q→双击选择车型：奥迪，新 A6L　2008 款（进货价 449000 元，销售价 468800 元）→颜色：白色→数量：1→订金：30000→重复上述操作选择车型：别克，2.4AT（进货价 195000 元，销售价 216700 元），数量 1→颜色：红色→订金：30000 (如不小心多选了别的车型，单击该车型→删整车D）→保存S→退出X。

任务 3　整车入库

（一）实训练习（文中出现的*均代表学生姓名）**

练习 1：根据下表信息完成整车采购入库单

供应商	***上海盛铭汽车集团有限公司
商　品	奥迪，车型代码为 AUDI A4 1.8T CVT　新 A42007 款，进货价 29500 元，销售价 321500 元，白色 奥迪，新 A6L　2008 款，数量 1，进价 449000 元 别克，2.4AT，数量 1，进价 195000 元
采购员	***

（二）实训练习操作步骤提示（文中出现的***均代表学生姓名）

◆ 完成整车入库单的操作步骤提示

操作步骤：帮助→汽贸导航→整车入库→新建N→采购单J→选择供应商为***上海盛铭汽车集团有限公司的采购订单→发票号：本人工号→入库摘要：***→在 VIN 栏、底盘号栏和发动机号栏输入信息（信息自编，每栏均以回车键结束。VIN 码为 17 位阿拉伯数字，每辆车的 VIN 码不能相同）→销售价：每辆车比货款高出 20000→重复操作，填写另两辆车的信息→应付运费：4000→实付金额：与应付金额一致→保存S→入库R→退出X。

任务 4　整车采购付款

（一）实训练习（文中出现的***均代表学生姓名）

练习 1：给供应商“***上海盛铭汽车集团有限公司”付款，完成系统中的付款操作。

（二）实训练习操作步骤提示（文中出现的***均代表学生姓名）

操作步骤：帮助→汽贸导航→付款→摘要：***→查A→查询采购业务单号(供应商为***上海盛铭汽车集团有限公司)→业务单号（查 Z）→选择要付款的单据→支付金额：与订单金额一致→结算方式：转帐→保存S→确认“是”→退出X。

任务 5　整车销售出库

（一）实训练习（文中出现的***均代表学生姓名）

练习 1：根据下表信息完成整车销售单

买车客户	陆彪
购买车型	奥迪，车型代码为 AUDI A4 1.8T CVT　新 A4 2007 款，进货价 29500 元，销售价 321500 元，白色
销售员	***
情景	该客户 8 天前在店里预订了该车
一条龙项目	（1）税费：上牌费 3000 元，拓号费 400 元，消费税 10000 元，购置税 3000 元 （2）保险：玻璃险 1200 元，防盗险 1000 元，划痕险 500 元，交强险 2000 元 （3）装饰项：真皮座椅 3000 元，换 CD 音响 800 元，装音箱 2000 元，装桃木 2000 元，DVD 导航 12000 元

练习 2：收取客户“陆彪”的购车款，收款方式为现金，在系统中完成销售收款的操作。

（二）实训练习操作步骤提示（文中出现的***均代表学生姓名）

◆ 新建整车销售单的操作步骤提示

操作步骤 1：帮助→汽贸导航→整车销售→新建N→客户号：查 A→输入陆彪→双击选择客户→结算方式：现金→预交货日期：当天日期往后 7 天→日期：默认当天→摘要说明：***→业务员→***。

操作步骤 2：选车A→原入库时间前面打“√”→查询Q→选车：奥迪，AUDI A4 1.8T CVT 新 A42007 款。（进货价 29500 元，销售价 321500；不小心多选单击删整车D）

操作步骤 3：单击车型信息第一行→单击车主信息→车主姓名：***→身份证号：任意输入 18 位数→车牌号：自己工号+1（例：1103261）→单击更新车辆/车主信息→保存S→提示成功→确定→一条龙Y→进入一条龙服务。

◆ 进入一条龙服务操作的操作步骤提示

操作步骤 1：税费→添税费A→（按“Crtl”键单击）购置税、上牌费、拓号费、消费税→确定Y→右键单击某一税费→录入经办人，所有经办人均为***，日期为当天→针对所有行→确定。

操作步骤 2：保险项目→添保险B→（按“Crtl”键单击）玻璃险、防盗险、划痕险、交强险→确定→右键单击某一保险→录入经办人，所有经办人均为***，日期为当天→大地保险公司→其余信息不填→针对所有行→确定。

操作步骤 3：装饰项目→添装饰G→（按“Crtl”键单击）所有装饰（没有装饰项目的单击“增加”来添加）→确定Y→右键单击某一装饰→录入经办人，所有经办人均为***，日期为当天→针对所有行→确定。

操作步骤 4：保存S→完成R→退出X→返回销售主界面→销售R→退出X。

◆ 销售收款的操作步骤提示

步骤 1：（整车业务导航界面）收款→查 A→选择“***北京运华软件有限公司”→实收金额：与车款相同→开票方式：增值税票→收款归属日期：默认当天→购车款：→收款人：***→收款→退出。

步骤 2：按上述方法完成客户“***上海中博广告有限公司”的销售收款。

项目四

维修业务

任务 1　维修接待

（一）实训练习（文中出现的***均代表学生姓名）

练习 1：根据下表信息完成维修接待工单

客户	新东方教育中心
维修项目	拆装仪表台（代码：100101040），自费 更换仪表盘总成（代码：10010105），自费
维修用料	仪表台框架（灰色）（代码：FT09367，数量 1，价格 950 元） 仪表台下饰板（中）（代码：FT09481，数量 1，价格 5200 元）
采购员	***

练习 2：根据下表信息完成维修接待工单

客户	友谊旅游公司
维修项目	更换离合器三件套（维修项目代号：40201），自费 修左前刹车分泵（维修项目代号：6010116），自费
维修用料	***轴头离合器（数量 1，单价 600 元） ***前刹车分泵修理包（数量 1，单价 600 元）
采购员	***

（二）实训练习操作步骤提示（文中出现的***均代表学生姓名）

◆ 练习 1 的操作步骤提示

操作步骤 1：帮助→汽修业务导航→前台接待→新建→车牌号：2689（只输数字敲回车）→维修方式：一般维修→维修车间：大众车间。

操作步骤 2：双击维修项目下方的空白方框，进入维修项目选择界面→维修项目名称：仪表台→开始查询→双击名称为“拆装仪表台（代码：100101040）”的维修项目→维修项目名称：仪表盘→开始查询→双击名称为“更换仪表盘总成（代码：10010105）”的维修项目→

返回X→收费类别：自费。

操作步骤 3：单击维修用料标签卡→双击商品编号下方的空白方框，进入配件选择界面→配件名称：仪表台→开始查询Q→双击名称为“仪表台框架（灰色）（代码：FT09367）”的配件→再双击名称为“仪表台框架（灰色）（代码：FT09367）”的配件→返回X→输入数量、价格。

操作步骤 4：行驶里程、存油、预计完工时间随意编写→业务类别：特约维修→收费标准：普通轿车→业务员、维修顾问选自己的姓名→保存S→退出X→观察导航首页变化。（答案：工单文字颜色变成红色，维修状态为登记）

操作步骤 5：在导航页面查询出此工单→单击此工单→单击导航页面的前台接待T→检查各种信息无误→进厂J→打印委托工单→退出→观察导航首页变化。（答案：工单文字颜色变成粉色，状态为在修。工单太多看不见可以通过查询找到）

◆ 练习 2 的操作步骤提示。

略。

任务 2 车间管理（派工）

（一）实训练习（文中出现的***均代表学生姓名）

练习 1：给新东方教育中心的接待工单派工

练习 2：给友谊旅游公司的接待工单派工

（二）实训练习操作步骤提示（文中出现的***均代表学生姓名）

◆ 练习 1 的操作步骤提示

操作步骤 1：在汽修业务导航界面查询新东方教育中心的在修工单→单击工单→单击导航页面上的车间管理→负责人：***→右键单击第一个项目名称→单项派工→选择自己的名字（即派工给自己）→重复以上操作，第二个项目继续派工给自己（“状态”选全部）→保存S→退出X。（在导航页面可以观察到工单状态变成在修）

◆ 练习 2 的操作步骤提示

略。

任务 3 维修领料

（一）实训练习（文中出现的***均代表学生姓名）

练习 1：按照新东方教育中心的工单进行领料

练习 2：按照友谊旅游公司的接待工单进行领料

（二）实训练习操作步骤提示（文中出现的***均代表学生姓名）

◆ 练习 1 的操作步骤提示

操作步骤：在汽修业务导航界面查询新东方教育中心的在修工单→单击工单→单击领料L→

领料人：***→库管员：***→仓库：配件一库→保存S→出库K→退出X。

（注：如有提示

，先退出领料界面，完成上述配件的采购入库，再返回领料）

任务 4　全完工和总检

（一）实训练习（文中出现的***均代表学生姓名）

练习 1：维修工已经按照新东方教育中心的工单记录施工完毕，并做总检

练习 2：维修工已经按照友谊旅游公司的工单记录施工完毕，并做总检

（二）实训练习操作步骤提示（文中出现的***均代表学生姓名）

◆ 练习 1 的操作步骤提示

操作步骤 1：在汽修业务导航界面查询新东方教育中心的在修工单→单击工单→单击导航页面上的车间管理→负责人：***→全完工W→退出X。

操作步骤 2：在汽修业务导航界面查询新东方教育中心的在修工单→单击工单→单击导航页面上的总检→总检人：***→总检I→退出X。（在导航页面可以观察到工单状态变成已总检）

◆ 练习 2 的操作步骤提示

略。

任务 5　预结算

（一）实训练习（文中出现的***均代表学生姓名）

练习 1：维修工已经按照新东方教育中心的工单记录施工完毕，并做预结算

练习 2：维修工已经按照友谊旅游公司的工单记录施工完毕，并做预结算

（二）实训练习操作步骤提示（文中出现的***均代表学生姓名）

◆ 练习 1 的操作步骤提示

操作步骤：在汽修业务导航界面查询新东方教育中心已总检工单→单击工单→单击导航页面上的预结算→折扣率：0.8→发票类型：增值税发票→维修结算人：***→预结算Y→选“是”→确定Y→退出X（在导航页面可以观察到工单状态变成已预结）。

（提示：如果本题提示折扣权限，请在基础信息里查询员工信息中是否给予折扣权限）

◆ 练习 2 操作步骤提示

略。

任务6 收款和出厂

(一)实训练习(文中出现的***均代表学生姓名)

练习1：客户新东方教育中心的预结算单进行结算收款，并出厂

练习2：客户友谊旅游公司的预结算单进行结算收款，并出厂

练习3：(综合练习)已知信息如下，请完成从维修接待登记到出厂的全部流程。题目没有给出的信息，如是保存需要必填的则自行编写。

客户：公安部，京A2345。

维修项目：更换离合器三件套(维修项目代号：40201)

修左前刹车分泵(维修项目代号：6010116)

更换配件：***轴头离合器(数量1，单价600元)

***前刹车分泵修理包(数量1，单价600元)

练习4：查询出自己完成的所有状态工单和已经出厂的工单。

(二)实训练习操作步骤提示

略。(参考前述任务)

项目五

快修美容业务

任务1　快修美容

（一）实训练习（文中出现的***均代表学生姓名）

练习1：根据下表信息完成快修美容单，并查询快修美容工单

客户	车牌号：京A2345
商品	别克，2.4AT，数量1，进价195000元 奥迪，新A6L　2008款，数量1，进价449000元
其他信息	配件一库，普通发票，项目折扣率0.8，商品折扣率0.8，结算方式现金，领料人和结算人均为***，
维修项目	右前门喷漆（YQMPQ，3611）中控锁检修（ZKSJX，2444）
维修用料	中控锁（ZKS，FT15746），珍珠漆（ZZQ，0158），数量各1。

（二）实训练习操作步骤提示（文中出现的***均代表学生姓名）

◆ 新建快修美容订单的操作步骤提示

操作步骤1：快修美容→快修美容单→新建→车牌号：2345→发票类型：普通发票→默认仓库：配件一库→进厂时间：默认→离厂时间：默认。

操作步骤2（选择项目，可用拼音，双击项目编号下方）：

右前门喷漆（YQMPQ，3611），服务费300，自费

中控锁检修（ZKSJX，2444），服务费100，自费

操作步骤3：（选择配件，可用拼音，双击项目编号下方）：

中控锁（ZKS，FT15746）

珍珠漆（ZZQ，0158）

操作步骤4：保存→是→记住美容单号→退出。

◆ 结算快修美容单的操作步骤提示

操作步骤1：快修美容→快修美容单→打开0→查询出前述工单。

操作步骤2：项目折扣率0.8，商品折扣率0.8，结算方式：现金→实付金额：与开票应付金额一致→结算人：***。

操作步骤3：保存→结算。

◆ 查询车牌：京 A2345 结算单的操作步骤提示

操作步骤：快修美容→快修美容单查询→选择日期→查询。

任务 2 定义、查询、发行、充值、冻结和解禁套餐卡

（一）实训练习

（文中出现的***均代表学生姓名）

练习 1：车牌号为京 A2345 的车辆办理一张套餐卡，卡的面值是 1000 元，应收 800 元，实收 800 元，该卡允许他人使用。经办业务员为***。该套餐卡里可消费的项目有：拆装全车地毯（数量 1 次），全车检查（数量 1 次），拆装全车地胶（数量 1 次），全车一级美容（数量 5 次），全车补漆（数量 5 次），全车抛光（数量 5 次）。请完成套餐卡的定义、查询和发行。

练习 2：京 A2345 的车主把套餐卡弄丢了，来店里挂失。两天后又称找到该卡了。请你完成该车主的套餐卡的禁用和解禁。

（二）实训练习操作步骤提示

（文中出现的***均代表学生姓名）

◆ 定义套餐卡的操作步骤提示

操作步骤 1：快修美容→套餐卡定义→增品种→套餐卡编码：自己工号+1（例如：1201051）→套餐卡名称：工号+自己姓名+1（例如：120105 张雨 1）→面值：1000→卡类别：限时限次卡→其余信息不修改→确定

操作步骤 2：查询出刚才定义套餐卡名称→增项目：拆装全车地毯（1 次），全车检查（1 次），拆装全车地胶（1 次），全车一级美容（5 次），全车补漆（5 次），全车抛光（5 次）。（注：先选项目，然后在“消费次数”栏修改次数，以回车键确认输入的数字）

操作步骤 3：保存→退出。

◆ 发行套餐卡的操作步骤提示

操作步骤 1：快修美容→套餐卡发行→发行→新建→车牌号：2345→卡号：自己生日的 6 位数（以此来区别卡的唯一性）→套餐卡编码：查（A）→选择自己在上个任务新增的套餐卡→允许他人使用“√”→应收金额：800，实收金额：800→结算方式现金→其余信息不改→业务员选自己→确定（提示发行成功）→ 退出X 。

◆ 查询刚才发行给公安部的套餐卡的操作步骤提示。

略。

任务 3 储值卡的定义、发行和查询

（一）实训练习

（文中出现的***均代表学生姓名）

练习 1：客户新东方教育中心的车辆办理一张储值餐卡，卡的面值是 1000 元，发行时优惠 300 元，实收 700 元，现金收款，发行有效期一年。经办业务员为***。请完成储值卡的定义、查询和发行。

（二）实训练习操作步骤提示

（文中出现的***均代表学生姓名）

◆ 储值卡定义的操作步骤提示

操作步骤 1：快修美容→储值卡定义→增品种→品种编码：自己工号→套餐卡名称：工号***金卡（例如：120105 张雨金卡，以此区别套餐卡的不同）→面值：1000→卡状态：启用→其余信息不改→确定 Y。

◆ 发行储值卡的操作步骤提示

操作步骤 1：快修美容→储值卡发行→发行→新建→车牌号：查A→客户：新东方教育中心→卡号：自己生日→品种编码：查（A）→选择自己在上个任务新增的储值卡→允许他人使用“√”→优惠金额：300→实收金额 700→结算方式现金→业务员：***→其余信息不改→确定（提示发行成功）→退出X。

◆ 查询发行给新东方教育中心储值卡的操作步骤提示

略。

任务 4　用套餐卡和储值卡消费

（一）实训练习

（文中出现的***均代表学生姓名）

练习：车牌号为“京 A2345”的车主持套餐卡和储值卡来消费，消费项目是拆装全车地毯 1 次”；“全车补漆 1 次”；“右前门喷漆（YQMPQ，3611）”；“中控锁检修（ZKSJX，2444）”。请在系统中完成相应的快修美容工单。

（二）实训练习操作步骤提示

（文中出现的***均代表学生姓名）

练习：车牌号为“京 A2345”的车主持套餐卡和储值卡来消费，消费项目是拆装全车地毯 1 次”；“全车补漆 1 次”；“右前门喷漆（YQMPQ，3611）”；“中控锁检修（ZKSJX，2444）”。请在系统中完成相应的快修美容工单，并查询套餐卡内剩余的项目。

◆ 用套餐卡和储值卡消费的操作步骤提示

操作步骤 1：快修美容→快修美容工单→车牌号：2345→发票类型：普通发票→默认仓库：配件一库→进厂时间：默认→出厂时间：默认。

操作步骤 2：在项目编码下方的方框内，单击右键→增套餐项→输入套餐卡号→选择项目：“拆装全车地毯”“全车补漆”→右键：增储值项→输入储值卡号→增储值项：选择项目“右前门喷漆（YQMPQ，3611）”、“中控锁检修（ZKSJX，2444）”→结算人：***→结算→退出。

（提示：套餐卡中没有“右前门喷漆（YQMPQ，3611）”“中控锁检修（ZKSJX，2444）”的项目，须用储值卡消费）

◆ 查询套餐卡内的剩余项目操作步骤提示

操作步骤：快修美容→套餐卡发行→输入要查询的套餐卡号→查询→单击想查阅的套餐卡→右侧区域可读取信息。

反侵权盗版声明

举报电话：（010）88254396；（010）88258888

传　　真：（010）88254397

E-mail：　dbqq@phei.com.cn

通信地址：北京市万寿路 173 信箱

电子工业出版社总编办公室

邮　　编：100036